陳福成編

陳福成著作全編

第二十六冊　把腳印典藏在雲端

文史哲出版社印行

國家圖書館出版品預行編目資料

陳福成著作全編 / 陳福成編. -- 初版. --臺北
市：文史哲,民 104.08
頁： 公分
ISBN 978-986-314-266-9（全套：平裝）

848.6 104013035

陳福成著作全編

第二十六冊 把腳印典藏在雲端

編 者：陳 福 成
出版者：文 史 哲 出 版 社
http://www.lapen.com.tw
登記證字號：行政院新聞局版臺業字五三三七號
發行人：彭 正 雄
發行所：文 史 哲 出 版 社
印刷者：文 史 哲 出 版 社
臺北市羅斯福路一段七十二巷四號
郵政劃撥帳號：一六一八〇一七五
電話886-2-23511028 · 傳真886-2-23965656

全 80 冊定價新臺幣 36,800 元

二〇一五年（民一〇四）八月初版

ISBN 978-986-314-266-9 08981

陳福成著作全編總目

壹、兩岸關係

①決戰閏八月
②防衛大台灣
③解開兩岸十大弔詭
④大陸政策與兩岸關係

貳、國家安全

⑤國家安全與情治機關的弔詭
⑥國家安全與戰略關係
⑦國家安全論壇。

參、中國學四部曲

⑧中國歷代戰爭新詮
⑨中國近代黨派發展研究新詮
⑩中國政治思想新詮
⑪中國四大兵法家新詮：孫子、吳起、孫臏、孔明

肆、歷史、人類、文化、宗教、會黨

⑫神劍與屠刀
⑬中國神譜
⑭天帝教的中華文化意涵
⑮奴婢妾匪到革命家之路：復興廣播電台謝雪紅訪講錄
⑯洪門、青幫與哥老會研究

伍、詩〈現代詩、傳統詩〉、文學

⑰幻夢花開一江山
⑱赤縣行腳・神州心旅
⑲「外公」與「外婆」的詩
⑳尋找一座山
㉑春秋記實
㉒性情世界
㉓春秋詩選
㉔八方風雲性情世界
㉕古晟的誕生
㉖把腳印典藏在雲端
㉗從魯迅文學醫人魂救國魂說起
㉘六十後詩雜記詩集

陸、現代詩（詩人、詩社）研究

㉙三月詩會研究
㉚我們的春秋大業：三月詩會二十年別集
㉛中國當代平民詩人王學忠
㉜讀詩稗記
㉝嚴謹與浪漫之間
㉞一信詩學研究：解剖一隻九頭詩鵠
㉟囚徒
㊱胡爾泰現代詩臆說
㊲王學忠籲天詩錄

柒、春秋典型人物研究、遊記

㊳山西芮城劉焦智「鳳梅人」報研究
㊴在「鳳梅人」小橋上

總序：陳福成的一部文史哲政兵千秋事業

陳福成先生，祖籍四川成都，一九五二年出生在台灣省台中縣。筆名古晟、藍天、司馬千、鄉下人等，皈依法名：本肇居士。一生除軍職外，以絕大多數時間投入寫作，範圍包括詩歌、小說、政治（兩岸關係、國際關係）、歷史、文化、宗教、哲學、兵學（國防、軍事、戰爭、兵法），及教育部審定之大學、專科（三專、五專）、高中（職）等各級學校國防通識（軍訓課本）十二冊。以上總計近百部著作，目前尚未出版者尚約二十部。

我的戶籍資料上寫著祖籍四川成都，小時候也在軍眷長大，初中畢業（民57年6月），投考陸軍官校預備班十三期，三年後（民60）直升陸軍官校正期班四十四期，民國六十四年八月畢業，隨即分發野戰部隊服役，到民國八十三年四月轉台灣大學軍訓教官。到民國八十八年二月，我以台大夜間部（兼文學院）主任教官退休（伍），進入全職寫作高峰期。

我年青時代也曾好奇問老爸：「我們家到底有沒有家譜？」

他說：「當然有。」他肯定說，停一下又說：「三十八年逃命都來不及了，現在有個鬼啦！」

兩岸開放前他老人家就走了，開放後經很多連繫和尋找，真的連鬼都沒有了，茫茫無垠的「四川北門」，早已人事全非了。

但我的母系家譜卻很清楚，母親陳蕊是台中縣龍井鄉人。她的先祖其實來台不算太久，按家譜記載，到我陳福成才不過第五代，大陸原籍福建省泉州府同安縣六都施盤鄉馬巷。

第一代祖陳添丁、妣黃嫣名申氏。從原籍移居台灣島台中州大甲郡龍井庄龍目井字水裡社三十六番地，移台時間不詳。陳添丁生於清道光二十年（庚子，一八四〇年）六月十二日，卒於民國四年（一九一五年），葬於水裡社共同墓地，坐北向南，他有二個兒子，長子昌，次子標。

第二代祖陳昌（我外曾祖父），生於清同治五年（丙寅，一八六六年）九月十四日，卒於民國廿六年（昭和十二年）四月二十二日，葬在水裡社共同墓地，坐東南向西北。陳昌娶蔡匏，育有四子，長子平、次子豬、三子波、四子萬芳。

第三代祖陳平（我外祖父），生於清光緒十七年（辛卯，一八九一年）九月二十五日，卒於（年略記）二月十三日。陳平娶彭宜（我外祖母），生光緒二十二年（丙申，一八九六年）六月十二日，卒於民國五十六年十二月十六日。他們育有一子五女，長子陳火，長女陳變、次女陳燕、三女陳蕊、四女陳品、五女陳鶯。

以上到我母親陳蕊是第四代，到筆者陳福成是第五代，與我同是第五代的表兄弟姊妹共三十二人，目前大約半數仍在就職中，半數已退休。

寫作是我一輩子的興趣，一個職業軍人怎會變成以寫作為一生志業，在我的幾本著作都詳述（如《迷航記》、《台大教官興衰錄》、《五十不惑》等」。我從軍校大學時代開始寫，從台大主任教官退休後，全力排除無謂應酬，更全力全心的寫（不含為教育部編著的大學、高中職《國防通識》十餘冊）。我把《陳福成著作全編》略為分類暨編目如下：

壹、兩岸關係

①《決戰閏八月》②《防衛大台灣》③《解開兩岸十大弔詭》④《大陸政策與兩岸關係》。

貳、國家安全

⑤《國家安全與情治機關的弔詭》⑥《國家安全與戰略關係》⑦《國家安全論壇》。

參、中國學四部曲

⑧《中國歷代戰爭新詮》⑨《中國近代黨派發展研究新詮》⑩《中國政治思想新詮》⑪《中國四大兵法家新詮：孫子、吳起、孫臏、孔明》。

肆、歷史、人類、文化、宗教、會黨

⑫《神劍與屠刀》⑬《中國神譜》⑭《天帝教的中華文化意涵》⑮《奴婢妾匪到革命家之路：復興廣播電台謝雪紅訪講錄》⑯《洪門、青幫與哥老會研究》。

伍、詩〈現代詩、傳統詩〉、文學

⑰《幻夢花開一江山》⑱《赤縣行腳・神州心旅》⑲《「外公」與「外婆」的詩》、⑳《尋找一座山》㉑《春秋記實》㉒《性情世界》㉓《春秋詩選》㉔《八方風雲性情世界》㉕《古晟的誕生》㉖《把腳印典藏在雲端》㉗《從魯迅文學醫人魂救國魂說起》㉘《60後詩雜記詩集》。

陸、現代詩（詩人、詩社）研究

㉙《三月詩會研究》㉚《我們的春秋大業：三月詩會二十年別集》㉛《中國當代平民詩人王學忠》㉜《讀詩稗記》㉝《嚴謹與浪漫之間》㉞《一信詩學研究：解剖一隻九頭詩鵠》㉟《囚徒》㊱《胡爾泰現代詩臆說》㊲王學忠籲天詩錄。

柒、春秋典型人物研究、遊記

㊳《山西芮城劉焦智「鳳梅人」報研究》㊴《在「鳳梅人」小橋上》㊵《我所知道的孫大公》㊶《孫大公思想主張手稿》㊷《金秋六人行》㊸《漸凍勇士陳宏》。

捌、小說、翻譯小說

㊹《迷情・奇謀・輪迴》㊺《愛倫坡恐怖推理小說》。

玖、散文、論文、雜記、詩遊記、人生小品

㊻《一個軍校生的台大閒情》㊼《古道・秋風・瘦筆》㊽《頓悟學習》㊾《春秋正義》㊿《公主與王子的夢幻》(51)《洄游的鮭魚》(52)《男人和女人的情話真話》(53)《台灣邊陲之美》(54)《最自在的彩霞》(55)《梁又平事件後》。

拾、回憶錄體

(56)《五十不惑》(57)《我的革命檔案》

(58)《台大教官興衰錄》(59)《迷航記》(60)《最後一代書寫的身影》(61)《我這輩子幹了什麼好事》(62)《那些年我們是這樣寫情書的》(63)《那些年我們是這樣談戀愛的》

(64)《台灣大學退休人員聯誼會第九屆理事長記實》。

拾壹、兵學、戰爭

(65)《孫子實戰經驗研究》(66)《第四波戰爭開山鼻祖賓拉登》。

拾貳、政治研究

⑰《政治學方法論概說》⑱《西洋政治思想概述》⑲《中國全民民主統一會北京行》⑳《尋找理想國：中國式民主政治研究要綱》。

拾參、中國命運、喚醒國魂

⑪《大浩劫後：日本311天譴說》、《日本問題的終極處理》⑫《台大逸仙學會》。

拾肆、地方誌、地區研究

⑬《台北公館台大地區考古・導覽》⑭《台中開發史》⑮《台北的前世今生》⑯《台北公館地區開發史》。

拾伍、其他

⑰《英文單字研究》⑱《與君賞玩天地寬》（別人評論）⑲《非常傳銷學》⑳《新領導與管理實務》。

我這樣的分類並非很確定，如《謝雪紅訪講錄》，是人物誌，但也是政治，更是歷史，說的更白，是兩岸永恆不變又難分難解的「本質性」問題。

以上這些作品大約可以概括在「中國學」範圍，如我在每本書扉頁所述，以「生長在台灣的中國人為榮」，以創作、鑽研「中國學」，貢獻所能和所學為自我實現的途徑，以宣揚中國春秋大義、中華文化和促進中國和平統一為今生志業，直到生命結束。我這樣的人生，似乎滿懷「文天祥、岳飛式的血性」。

抗戰時期，胡宗南將軍曾主持陸軍官校第七分校（在王曲），校中有兩幅對聯，一是「升官發財請走別路、貪生怕死莫入此門」，二是「鐵肩擔主義、血手寫文章」。前聯原在廣州黃埔，後聯乃胡將軍胸懷，「鐵肩擔主義」我沒機會，但「血手寫文章」的

「血性」俱在我各類著作詩文中。

人生無常，我到六十三歲之年，以對自己人生進行「總清算」的心態出版這套書。

回首前塵，我的人生大致分成兩個「生死」階段，第一個階段是「理想走向毀滅」，年齡從十五歲進軍校到四十三歲，離開野戰部隊前往台灣大學任職中校教官。第二個階段是「毀滅到救贖」，四十三歲以後的寫作人生。

「理想到毀滅」，我的人生全面瓦解、變質，險些遭到軍法審判，就算軍法不判我，我也幾乎要「自我毀滅」；而「毀滅到救贖」是到台大才得到的「新生命」，我積極寫作是從台大開始的，我常說「台大是我啟蒙的道場」有原因的。均可見《五十不惑》、《迷航記》等書。

我從年青立志要當一個「偉大的軍人」，為國家復興、統一做出貢獻，為中華民族的繁榮綿延盡個人最大之力，卻才起步就「死」在起跑點上，這是個人的悲劇和不智，正好也給讀者一個警示。人生絕不能在起跑點就走入「死巷」，切記！切記！讀者以我為鑒！在軍人以外的文學、史政有這套書的出版，也算是對國家民族社會有點貢獻，對自己的人生有了交待，這致少也算「起死回生」了！

順要一說的，我全部的著作都放棄個人著作權，成為兩岸中國人的共同文化財，而台北的文史哲出版有優先使用權和發行權。

這套書能順利出版，最大的功臣是我老友，文史哲出版社負責人彭正雄先生和他的夥伴們。彭先生對中華文化的傳播，對兩岸文化交流都有崇高的使命感，向他和夥伴致上最高謝意。

台北公館蟾蜍山萬盛草堂主人　陳福成　誌於二〇一四年

五月榮獲第五十五屆中國文藝獎章文學創作獎前夕

詩劍江山——代序詩

鄭貞銘 P1

大約一百多年前，一向號令天下的武林盟主
因腐敗、墮落，久不練武，功夫盡失
且把祖宗寶產當成破鞋扔了
個個都忘了我是誰
一夜之間被另一股勢力趕下至尊的寶座
那些呼風喚雨的頭頭們，都成了階下囚
至尊盟主垮台後，江湖上興起各大門派
各大小山頭林立，佔地為王，個個有來頭

決戰帖如雪片般飛出，英雄好漢都想一展長才
到處架起擂台，武林中風声鶴唳
免不了一陣陣腥風血雨，顧不了蒼生疾苦
十八般武芸輪流上陣
南拳與北腿对峙，陽謀與陰謀論道
西毒與東寇入侵，邪門和歪道盛行
持續數十年，江湖上依舊糾纏不清
黑白兩道都無道，都只為謀奪盟主大位

六十多年前，我無端捲入這場爭逐
當年我雖年青氣盛，卻也正氣凜然

決定南行拜師學藝，苦修七年　呂
跟隨一眾師兄弟下山，為維護武林正義而戰
縱使戰到最後一兵一卒也不惜
劍在人在，劍亡人亡
並隨時以詩誌之，確保春秋正義得以發揚
縱橫五嶽天山，向長江黃河進出
是我一貫的志向
削平群雄，統一中原武林
是最後的目標
數十年奔走，物換星移
終於趕走了東寇

西毒却壯大成了地球上最大的黑邦
声稱趕走了地主，大家有飯吃
又把孔孟李杜挖出來鞭屍
把讀書人鬥成臭老九，說是造反有理
如此這般，蔚為風潮時尚
凡趕不上或不附合這股流行的
都被打成落伍和封建
各大門派也因此被掃地出門
流落南臺孤島的各大門派痛定思痛
團結奮鬥、整經軍武，很有一番中興氣象

P3

可惜好日子過久了，老毛病又犯了
各大門派為搶奪島主大位又架起了擂台
其中一個倭寇警佐與孤島下女不倫孽種
名叫老番癲的大頭目，声稱要自立乾坤
要延續「東寧王國」的香火
老番癲老不死的傳位給名叫阿扁的孽子
更声稱要割斷祖宗八代的血緣關係
洗牌的結果形成南北對峙決戰，漫天燹火
小小孤島再陷紅羊浩劫，生態環境產生質變
人類竟退化成了類人，所有生物都遭殃
老番癲和他的孽子及一群綠毒

使正常文化文明質變，毒化了全島
篡竊偷盜視為正常，無恥之徒居高不下
只管輸贏，不管道義，更顧不了眾生苦難
小小的一個小島，經不起動盪
正在一步步下陷、沈淪、下陷沈淪

我有些厭倦，決心退隱深山
修煉另一種武功
以筆墨為劍、為刀、為槍，為文武之大業
以文字為真、為善、為美，為無尚之法力
變幻莫測，去來無蹤；穿透時空，與天地合一

或以暇豫煉製成一首詩、一行句，乃至
一個字
就能傷人、能殺敵、能滅倭人
能令敗家的不孝孽子絕子絕孫，永絕後患
能滅西毒、東寇和美帝，攻略任何遠近目標
能圍剿任何邪魔歪道，維護中原武林正義
確保華夏江山一統
使炎黃子民從此頂天立地於地球之上

近二十餘年來，中原武林興起一股公平正義之力
這是歷史的趨勢，也是一種磁石效應

P4

盟主武功高強，是仁者的化身，乃蒼生之福也
現在，我一提筆，用一首詩為咒語
能進出歷史時空，密訪三皇五帝
秦皇漢武是我的坐上賓
李杜三蘇對我這粉絲亦寵愛有加
閒暇時在長江黃河間進出，遊走神州大地
一筆在手，詩在人在，人亡詩仍在
此刻的我，明心見性，佛住我心

這首詩構想於二〇〇五年，成稿於二〇〇六年
收錄於《性情世界》詩集（時英出版，二〇〇七年）
二〇一二、二〇一三年多次修訂，再成本稿。

陳福成，二〇一三年底台北萬盛草堂

把腳印典藏在雲端

——三月詩會詩人手稿詩

目 次

編者60壽辰，妹妹和家人為我祝壽

編者抱這三個是金乁，他們叫我舅公

編者與台北市議員林奕華合影，2010年12月，台北。

前行政院院長郝柏村頒獎。左一是徐世澤，手持終身成就獎。時間：民國100年11月26日上午10點。地點：NDMC

三月詩會的姊妹花：狼跋（左）和出身牙醫師的游麗玲（右）2012年12月1日，台北真北平。

左起：潘皓、徐世澤、張朗、汪洋萍、王幻。攝影時間：2004年3月6日。

各時期三月詩會詩人

關雲，回眸一笑百媚生

左起：謝輝煌、關雲、俊歌。2012年12月1日，台北真北平。

左起：謝輝煌、關雲、俊歌。
2012年12月1日，台北真北平。

左起：關雲、俊歌、狼跋。
2012年12月1日台北真北平。

本書編著參加「2011中國芮城永樂宮第四屆」文化活動，9月15日攝於主席台上。

台客領軍，一行人於2011年9月訪問山西芮城與劉焦智兄弟（右三、四）攝於大禹渡。

左起：俊歌、台客、本書編者、江奎章。2011年9月19日，山西芮城大禹渡。

師兄弟三人攝於山西芮城永樂宮，2010年10月30日。

左起：金筑、蔡信昌、陳福成、徐世澤、謝輝煌、關雲。2012年7月3日

三月詩會聚會時，正在用功或準備高論。2012年12年7月3日。

本書編者陳福成於民國79年6月17日，卸下小金門砲兵638營長，當日調回金防部，離開前最後的巡禮，此後再也未到小金門（烈嶼）。

童佑華先生，身兼詩人及業餘書法家。

詩友聯誼

得笑的笑容，得意的詩人。

與秋水詩友交流。

參加秋水詩友活動。

中國詩歌藝術學會大聚會。

南北文友交流。

文友遊台南。

文友遊台南。

參加鹽分地帶文學活動。
左起：林靜助、蔡奇蘭、陳福成。

文友聯誼

文藝評論中吉他演唱。

上圖：本書編者與妻（前排右二位）參加台大活動，2012年10月17日，南投寶島時代村。

下圖：與詩人鍾順文合影於他的「詩碑」前。

左起：林明理、林靜助、雪飛、我，在澄清湖。

與女書法家合影於國軍英雄館。

左起：詩人一信、電影導演徐天榮、詩人台客、本書編者、理事長林靜助、詩人潘皓、女詩人林芙蓉。。

雪飛手稿詩

能餬口的湖口街

雪飛

湖口街能餬口
不是虛傳也不是誇大
雖然整條街只有
一個「湖口街一號」的門牌
但它確是當年
逃難來台的難胞們
都在那條街作小生意
借以餬口維生的一條主要街道
故而有「餬口街」之雅稱

當年這條街：
有李登輝執政的「玉山官邸」
有唯一「湖口一號」門牌的國貿局
還有菸酒公賣局提供菸酒
難民們住在這裡。
人來、人往非常鬧熱
因為大家都在為餬口而忙碌
故又被戲稱為「餬口街」

今天，你也可同湖口街聊聊
問它對當年被戲稱為
「餬口街」，有何感想？

新時代的歌

雪飛

麗質天生
妳是一顆閃亮的星
也是一朵
笑口常開的玫瑰
從過去到現在
妳始終在高歌一首
芬芳四溢的
生命之歌，彈奏一曲
不老的青春
現在新的時代已經來臨

正是妳邁開舞步
最佳的時刻

自從我在
這百花爭豔的園地發現妳
一想到妳的芳名
就意識到，妳的美
意識到妳的美
就想到妳的芳名
而現在，更因為妳親手
把少女時代的玉照送到我手中
我們就像好友重逢……

久別的知音又見面了
倍感親切……

人生就是一首詩
一支歌，這詩與歌
看妳如何創作
如何來演奏
唯有真、善、美是我們共同的夢
在這些夢裡，任何
意象、意境都是智慧的精華
妳天生的麗質
也必然會發光、發熱

在藍色天空，布景
一幕最美的彩虹
讓我們一起來邁開舞步
高唱新時代的歌……

二〇一一年一月六日夜。

37　雪飛手稿詩

春，妳終於來了

雪飛

親愛的春，現在
妳終於來了
記得去年「夏至」我們分別時
妳曾經說過：
今年會遵守約定
但是在今年「立春」時
妳邁開舞步的訊息雖然傳來
不過隨後跟來的
是地震、水災、風災
狂風沙加上冬的寒流糾纏

我們都担心，今年是否
還有春到人間？

現在，一切災害
用各種手段都無法來阻擋妳
親愛的！妳贏了
真的如約來了
頭上戴著月桂皇冠
散發出光榮、勝利的金光
我們島上也開出杜鵑花
為妳佈置一個滿山紅的舞壇
當妳蒞臨舞壇時

蘭花之后獻上一朵蝴蝶蘭
禮貌地別在妳的胸前
有百合花的長號
為妳吹奏純淨、神聖，優美的歡迎號
有鈴蘭的花朵
為妳搖出希望幸福的鈴聲
玫瑰、紫羅蘭、鬱金香……
都是妳的舞伴來隨風的音樂起舞
同妳一起舞出青春的浪漫

啊，親愛的！
這是一場春到人間的舞會

那紫丁香的芳影
也將為妳留下
這青春難忘的記憶

二〇一〇年三月三十日夜．

春到人間－新派傳統詩

春到人間報佳音　大地醒來換新裝
桃花帶笑舞春風　杜鵑歌唱在山坡

只要妳對我一笑

只要妳對我一笑
就是我作夢的好材料
也許那是一朵玫瑰在我夢裡開放
她並以清馨的芬芳
溫柔地在我耳邊情話綿綿

只要妳對我一笑
我就在夢裡為妳寫出一首歌
請妳用悅耳的歌聲來演唱
讓那歌聲展開翅膀在夢裡飛翔

雪飛

飛進我寂寞的心房

只要妳對我一笑
我就在夢裡反來覆去推敲
妳是在笑我白癡？
還是陶醉在我百花盛開的夢園
愛上了我園中的鳥語花香？，

二〇一〇年六月二十日在．

43　雪飛手稿詩

癡人說夢

雪飛

詩人，常常說夢話
因為他和她，不是白癡就是情癡
多少都有點癡人的毛病

仰觀夜空裡月亮和滿天星星
他就夢見嫦娥飛往月宮
要去採摘星星來裝飾一頂桂冠

低頭看見滿地百花盛開
她就夢見自己的情人

牽著她的手在花海裡漫步

不過，高呼超後現代的口號

有些些癡人所說的夢我們全不懂

因為那是他未解的：密碼

二〇一〇年六月二十日亘。

愛的四部曲

——真、假、虛、實

雪飛

送妳一條
「愛心」的項鍊
那是「真金」
經過我熱情的火煉
特別為妳打造
現在我就，親手
將它掛在妳的胸前

假設聯想主義的信念
雖然「假」，不是「真」
但假設我伸出「真情」的手
來同妳手牽手
我們就可自然地
一起走向幸福的天堂

不過，我還是個
虛無主義者
有俄國式的革命思想
極端懷疑現有的一切存在
權力、地位、價值……

都是虛無而被否定的
虛無主義的構想
就是個人有「絕對自由」
妳要是同意這個信念
我們就可手牽手
一起走向那愛的夢園
美的意境……

同時，我也主張「實用」
是位實用主義者
凡所有的日常事務
都應憑經驗、知識來解決

憑知識去追求真理
憑經驗來建立
最有價值的人生

只要妳同意
我們就可經由
這真、假、虛、實愛的四部曲
手牽手走向幸福
走向人生的光明大道……

二〇一〇年七月二十七日。

送你一盆長春花

雪飛

——一份後現代的老人哲學

青年時，我就
寫過一首《老人》的詩
那白髮蒼蒼的老人
深夜在橋上徘徊
尋找童年、少年、青年的美好回憶
也想尋找一個新的希望
但當時橋下的流水

卻使他失望了

今天，我已擁有
一枝老人的筆，我要
從另類意識
提供一份後現代的老人哲學
來送你一盆長春花
祝福你永不衰老而健康

長春花，不是

51　雪飛手稿詩

富貴的牡丹
它只是一盆平民化的草花
但它花期長，生性強健
耐旱、耐貧瘠……

每天都戴上「日日春」的桂冠
張開五瓣的香唇歡笑
來迎接你的欣賞
讓你活得更長久、愉快

長春花的生命

已展現出花朵鮮豔
有純白和由淡至濃的紅紫色美貌
更有紅瓣紫心、紅瓣白心、白瓣紅心
各種含蓄的內在美
尤其珍貴的，是那發自
雌蕊和雄蕊彼此溫柔的愛
結出了細長的愛之莢果
有愛、有美，這就是
長春花不老的哲學

53　雪飛手稿詩

人類的生命
亦如長春花不能缺少愛與美
愛在大腦裡，美在生活中
是人之一生都必需的生命營養
尤其到了老年
更需要愛與美的陪伴
這歸類後現代的—老人哲學
發於愛，成於美

是人類最高貴的品格
人人都可擁有

長春花
雪飛攝 99 年 2 月 6 日

人人都有機會享受

二〇一〇年一月二十二日晚

附：謝輝煌兄所寫：「雪飛〈老人必讀

，及長春花（Catharanthus roseus G. Don.）之照片兩

張。

別了，不要說再見

雪飛

二〇〇九年

別了，不要說再見
我們不願再看到
你那張冷酷無情的臉
一直怒氣沖沖
眼神裡只有仇恨
心中毫無愛，動作更醜惡
不管我們接受不接受
硬把自己的歪理、邪說
來替我們製造了一個

沒有真理、善良、美麗的環境
使我們的良知常被折磨

為了個人自私的夢想
完全不考慮人民
一直都在追求愛與美的幸福生活
不惜要把人類推向
各種不同戰場的陷阱
二〇〇九年
你是個充滿戰爭的恐怖年
整年整月，你都在
假借一些不是理由的理由

來攻擊你所有不喜歡的對手
自己犯了天大的罪惡
大貪、大搜刮財物，毫無悔意
還有臉不斷來製造口水
想把人類良知淹沒……

別了，二〇〇九年
不要說再見
希望此刻我們分別，今後
不再看到你醜惡的嘴臉
擺脫虛假不被操弄
讓我們自己走向有愛有美的

和平幸福的大道

二〇〇九年十二月三日。

（本信由詩人雪飛提供）

雪飛詩友：

拜讀了你的大時代交响曲，既感謝又惭愧。你用詩把中華民族那段歷史記录下來了，歷史將記住你和這部詩。我参加了那場戰爭的全过程，而且負了兩次伤，但我沒有寫下來，何能不惭愧！明天我將把這部詩寄給美國世界文學研究院，因為，這是中國文學的光荣。可惜的是沒有译成英文，能讀的人不會多。如果你能請人譯成英文，我願意出款，讓更多的人讀到這部史詩。

祝 大安

附件

[illegible]
97.12.29

王幻手稿詩

醉紅小酌迎春酒

◎王幻

三月詩會每月前來
醉紅小酌把酒聯吟
对飲金門白乾
以五十八度的熱情
燃燒出
新時代的詩句
莫問古今
也莫問誰是座上客
或誰是東道主
只要以詩会友

只要敞開胸懷
迎春放歌
好酒好詩人生之樂
管什麼醉紅醉綠，
請觀看天上的雲
朝夕變幻不一
若詩如雲，飄々然
多彩多姿！

（二〇〇八年三月一日於晚吟樓）

愛的小詩

王幻（麥穗提供）

「為外孫女小琪滿月而作」

看嬰兒的臉
「吹彈得破」的意象
不由自主地升起
名人的詞句

看奶娃的眼
像夜空的星星
懸在上弦的新月之下
閃著真善美的光影

看赤子的心
無善無惡一片純真
飢時啼睏時睡
婉約是歛翅的小天使
（二〇〇二年五月十一日）

王幻兄：細讀你的《冷琴
詞》，受益多多。我也寫古
詞，只是學文章動手動腳
的改。寄去一冊求教，
我們是同年生，又皆是山東
漢子，望兄保重。

雁翼
09

（世界論壇報98.12.24）

雨中畫眉鳥

王幻

正月初一
有兩隻畫眉鳥
飛棲頂樓椰子樹梢
為新春報喜

也許瞥見
我這不速之客走來
便牽著千縷雨絲
翩然地飛開

飛向另株枝頭
歡憂含情結在一起
並唱和內心
纏綿的詩音

（台客提供）

三月的逸情

王幻

—為三月詩会成立二十年的作

永和九年三月
会稽山陰有一場
別開生面的文士雅集
吟詩作賦曲水流觴、致
醉成千秋盛宴
微醺之筆醉墨淋漓
蜿若鳳行水上自然成文
一篇冠蓋古今的
《蘭亭序》應景而作

□

應時誕生：
民國八十年代三月
一群年屆花甲的同道
在台北中央圖書館成立
三月詩会，以期
踵事增華古今比肩

□

追夢二十年
自花甲邁向髦耋
欣見愈老愈堅联吟品詩
每首音波迴漾著
曲水流觴逸韻诗情！

（一○一年四月二十五日於晚吟樓）

告別二〇〇九

王幻

八八水災的傷口
迄未癒合、而
二〇〇九的歲月背影
已漸行漸遠

際此歲云暮矣
流淌土石血淚的小林村
依然面容憔悴
依然無家可歸

告別二〇〇九
告別令人厭煩的新流感
告別誨淫誨盜的歪風
告別顛倒黑白的選戰

面向新歲伊始
祈願芸芸眾生無災無難
祈願福爾摩沙，是一座
自由璀璨的灯塔！

（二〇〇九年十二月卅日於晚吟樓）

追夢一百年　王幻

—三月詩會命題「二十二世紀

詩人的夢想
如長了翅膀
自現世紀飛向
下個世紀
探索匪夷所思的
境外之境

試問〃百年之後
三月詩會是否

仍在夢中世界
把酒論詩
評判面紅耳赤
其爭也君子？！

當時過境迁
誰还記得三月詩友
遠行的身影
但詩的心声
依然日與月盛
傳誦不已！、

（二〇一二年三月一日於晚吟楼）

老有所思

王幻

歲月的畫筆
在耄耋的頭上渲染一片
茫茫的雪花
我即將思鄉的情緒
隱匿於白色的鬢叢
以便視而不見
但、無意臨鏡回眸
驀然發現這滿眼的風霜
流淌出滿頭的鄉愁

人生如同跨欄競跑
我已跨過八十四屆欄
仍朝向終點追趕
一個不知止步的人
再怎麼快也跑不出
分分秒秒的時間
最後都倒在自己的腳下
宛若一片落葉
一聲嘆息！

（二〇一〇年一月二十三日於晚吟樓）

丁穎手稿詩

稿紙

失落的天倫

我们这一代
所謂新新人類，沒有誰
还記得反哺跪乳之情
更别說臥冰、溫席等等的
什么五世其昌，五代同堂
都已成為歷史名詞
干俺新新人類屁事
新人類以自我為中心
想啥就幹啥，就是沒想过
「哀哀父母、生我劬勞」
於今、養老院越来越多

丁穎

稿紙

單身貴族也越來越多
無後為大，那是古人說的
詩廢蓼莪，也是古人說的
呵！我們新人類才不管這個
一双双孤單昏花的老眼
朝夕倚閭，盼有年青的步聲歸來
不奢望含飴之樂，祇想
祇想說說兒，以慰老境
可是呀！孝親日漸日鮮
棄養卻是常見所聞，在一群
行將就木的身影裡，還有人
尋尋覓覓，試着找回失落的天倫

戰爭（為紀念七七抗戰而作）丁穎

說到戰爭，我便想起
蘆溝橋畔的槍聲
它揭開民族聖戰的序幕
使那頭亞洲睡獅猛然驚醒
千萬中華熱血兒女
前仆後繼奔赴沙場無懼犧牲
我彷彿又看見手持武士刀
提著人頭在大街屠殺為樂的倭寇兵
大腹便便孕婦下體插著刺刀
躺臥血泊死去的母親猶收哭嬰

血，染紅了諾曼第的海灘
珍珠港畔血肉橫飛海水一片腥紅

一部人類史，即一部戰爭史
在那本大書裡記載著
涿鹿、赤壁、淝水各種之戰
諸如：投鞭斷流，火燒連營
還有什么二月，十月大革命
自有人類，便有戰爭
各式有形無形的戰爭
一幕一幕上演著死亡，殺戮

自石斧石刀，鉄槍銅砲的斯殺
到一按電掣核子武器的衣用
战爭越來越精密、越殘酷
如果我們還聽不見
天國近了，要悔改的呼喚
地球早晚會毀滅於無形
一切回到無，從無到有
又是一個新紀元開始誕生

民國一零一年七月七日於台灣寓邸

五月祭

一時曖曖其將罷兮，結幽蘭而延佇——離騷

當我走过五月

我總愛佩一朵燃燒的榴花
一葉絨絨的黑艾
於是我便想起那個怀沙人
想起一本厚書裡
塵封了的那段時间
而悄悄地把一些角黍
投入茫茫地烟波，而且
低吟著九歌，招喚那
烟柳長堤縈繞的夢魂

如今，又是五月
又是榴紅艾綠的五月
島上人，正忙着收割女子的三圍
忙着給纖腰玉腿拍照
沒有誰再記起三閭大夫的哀愁
記起那泣咽的國殤
・
唉唉！我摘下襟边的榴花
祭於東逝的長流
碧海渺渺，蒼冥悠悠
那汨羅江心採句的詩人啊
幾時歸来

落花

丁穎

流星雨
情人淚
和着鵑啼
染紅暮春景色

你是莊周夢裡
飛出的蝶
蹁蹁躚躚，舞老
一季春

雲的自況

丁穎

我是雲
烟、霧是我姊妹
雷、電皆為近親
我常駕著風的蓬車
遨遊蒼穹四海
無牽無罣，悠哉，遊哉
管他恩怨情仇是非黑白

有人說我千姿百態
變化莫測
有人愛我素裝起舞

有人喜我綠裙數擺
我曾伴雨巫山行腳（註）
給人間留下一樁美的傳說」
飄逸、灑脫、這就是我

註：宋玉「高唐賦」襄王遊於雲夢，晝寢遇神女，居於巫山之陽，「旦為朝雲，暮為行雨」，即巫山雲雨一語之由來。

一○一年八月於台灣客鄉

81　丁穎手稿詩

祖國

丁穎

妳有全世界最湛藍亮麗的天空
妳有全世界最肥沃芬芳的土地
妳有全世界最綿長壯麗的江河
妳有全世界最雄偉巍峨的山嶽

從那莽莽無垠冰封雪飄的塞北
到那鶯飛草長春光明媚的江南
這廣袤千萬方里的文明古國啊
妳孕育著堅強偉大的優秀民族

而今我們正面臨著歷史的考驗
雖然是生活在一水之隔的兩岸
但血管裡有同樣血液同樣心願

同樣是中華的兒女炎黃的遺孽
四十年的阻隔阻不斷骨肉親情
看啊！統一的腳步已邁開向前

戊辰年初秋於台灣客鄉

廬山之夜

丁穎

我們來自不同的方向
但每個人情懷都一樣
喜悅、興奮，也有幾許惆悵
昔日少年，如今都兩鬢飛霜

我們來自不同的方向
都有著共同的理想
這是一次詩的聚會
詩，給了我們力量與希望

我們來自不同的方向

今夜，買醉深山野店
為的是分裂的國土的愁悵
為的是民族文化的衰微的淪喪

我們來自不同的方向
只因心湖裡熱血在激盪
建一座長橋在隔離的海峽兩岸
讓五千年文化從這兒發出光芒

一九八八年五月四日

後記：詩人余玉書先生由香港來台，偕高準、藍采二兄遊廬山，夜宿霧社溫泉賓館、把酒話舊、共讀玉書兄捎來的家書、憶及古人「烽火連三月，家書抵萬金

L棖觸良深！海峽兩岸隔絕四十年，此中國人之悲劇！未卜何時才能結束？同時有感兩岸中國文化日漸式微，亦中國人之悲劇，爰草此小詩以抒所感！

·

兩岸　　　　　　　　丁穎

只那么，盈盈一水
阻斷四十年的骨肉親情
兩種形態，兩種制度
兩種不同的生活模式
寫下歷史上從不曾有的
　　　　人倫悲劇

如今，欣聞開放探親
那魂牽夢繞的故園啊
是否已面目全非
今夜，我急欲乘風歸去
面对蓋滿的行囊，以及
関山迢迢，雲水茫茫
以一種黯然，無奈
讓淚偷彈在每午夜夢迴

民國七六年十一月於台灣客邸

生活與夢

丁穎

天天你尋找夢追求生活，
天天你又從生活的夢裡失落。
曾幾何時你失足在茫茫人海，
那是你未掌穩生活的舟舵。

疏忽的失算誤將方向認錯，
怎能怨生命的航程濤險浪多？
攸列栖斯緣曾給我們留下榜樣，

你就該努力拉緊那飄搖的蓬索。

莫時時記掛安全幸福的暖港，
你立在桅尖尋認你夢裡灯塔；
瞭望你生活的目标。

註：攸利栖斯（Ulysses）奧特賽之主角，為一不知休止
的航海家。

亞熱帶的春天

丁潁

聽說春天是位美麗的姑娘，
我捧着希望的花束迎於陌上。
拭去額角汗珠帶上一口氣，
新穎的衣裳去新辟冒着驕陽。
那兒有料峭風裡婆娑的身影？
滿眼蒼綠卻是夏姐的模樣！

聽說春天是位多情的姑娘，
我暫且拋下鄉愁離恨去尋芳。
杜宇的啼聲依舊哀婉而淒涼，
卻不見伴春的桃花隨風飄揚。
借問誰可遇見了春姑娘？
回答個搖搖頭「莫宰樣」。

現實·理想

丁穎

在生之舞台上，
我痛苦的繪上面譜；
在詩之十字架前，
我虔誠的獻上懺悔。
傳遞福音的翅膀，
被魔鬼的嚆矢射傷！
但，我賴吻起最先一片
橄欖葉，
告訴人們大地已有綠意了。

午夢

丁穎

輕輕地輕輕地舒展疲困的翅膀，
若沉若浮似一縷遊絲飄向遠方。
像一葉新月舠倘身蕩漾於白雲海裡，
藍天碧水任我盡情低迴翱翔。
綠色的漩渦象徵春天的微笑，
漫野花草散播着沁人的幽香。
清脆的歌聲來自林谷深處，
我沿小溪松徑玩賞一路旖旎風光。

遠遠地遠遠地綠蔭中隱現翠瓦紅牆，
啊！才知迷路的武陵漁人胡為不思鄉！
懷着驚喜嚮往已久的心情拾衣而上，
子規的啼聲又使我跌進現實的悵惘！

環境

春蠶為自己安排一個溫適宜的環境，
因而不惜把自己牢牢綁綑；
我為潤諸周圍冰冷的空氣，
多少次難熬了懸掛的靈魂！
造物把智慧聰明都給別人，
賜給我的只是一顆赤子之心。
我也曾努力的向別人學習；
但，越學習，我的痛苦越深。

小草

丁穎

雖然多少次風吹雨打，
你依舊抽出希望的嫩芽。
不怕牧牛孩子嬉戲捉弄，
也不怕路人無情的踐踏。

雖然飽嚐了雪霜折磨，
你依舊笑得那樣瀟洒。
多少人輕視你不值一顧，
你卻說我不需別人來讚誇。

雖然無人把你灌溉，
你依舊一天一天長大。
天地教會你忍耐堅強，
日月做了你慈愛媽媽。

小園之春

文穎

綠色的原野泛蕩着一片蓬勃，
和暖的春風輕輕撫摩着蔓禾；
昨夜春之女神來造訪了我底小園，
從此我底小園不再那樣冷清寂寞。
爭艷奪妍的百花濃粧淡抹，
招來多情的蝶兒滿園穿梭；
我浴着晨曦輕撒下希望的子粒，
梢頭黃鸝為我唱一曲生之戀歌。

一個被遺棄的靈魂

丁穎

風尖刻的呼號，
天墨黑而陰沉！
從墻角裡發出陣陣呻吟：
冷呀！冷呀！
他臉色蒼白，
哀傷而战抖！
突然，
一個聲音向他招呼：
隨我來吧！
我帶你到一個
沒有痛苦煩惱，
沒有战争；
沒有饑餓的地方——

那裡永遠是春天。
多誘惑的字眼！
他撫摩着流血的腳，
又摸々身边的拐杖。
突然，
又一個声音：
勇敢、堅强！
他有些躊躇……
难道你还眷恋这凜冽的北風，
深夜的寒冷？
不，
他搖々頭：
我眷恋的是明晨的天色。
於是
他拣起身边手杖，

掙扎着
背起殘破的行囊，
繼續向前摸索。
風依舊尖刻的呼號，
天依舊墨黑而陰沉！
一個寂寞瘦弱的身影，
消失在漫々濃霧裡。

代價

丁穎

一個人迎接黎明，
兩個人享受黃昏。
如有三人和你一同吃飯，
把一日的時間都施去吧！
倘偌四、五，
或者……
那些，
可以施捨你底一生了！

凝思

丁穎（聯副）

提起褪色的笔桿，
凝視着漫々長天。
雲紗輕掩山巒，
雨絲繚繞紅豆樹間！
灰色的日子，
靈感早已枯涸，
愛情的花朵，
眾不再綻放在[illegible]
荒蕪的心園！

浮生三詠

丁穎

年青時，行囊裡
有賣不出的愛情
賣不出的詩

壯年時，行囊裡
有賣不出的鴻鵠之志
和經天緯地的壯懷

如今鬢飛霜，髮蒼蒼
行囊裡只賸下孤獨
以及落寞

空是的迴聲

—給亞嫩—

妳說我不再空靈
只因强說愁的岁月已远
春天從輕嘆中偷偷溜走
冬季的黃昏路上
少了燦爛的絢麗
多了恬淡的寧謐
但在我心底、有一個
不曾說出的秘密
生命中妳是詩、是靨
是永不褪色的花蕾

丁穎

詩中有我的祝福
畫裡有我的投影
在時間的長流中
然我是一粒閃亮的結晶
永不分離
別管外邊的風
別管外邊的雨
青山居的小屋裡
依舊泛滿愛的溫馨

民國八十七年八月於台灣客鄉

潘皓手稿詩

梨山作客

潘皓

（台客提供）

茫茫地霧
模糊了眼前視野
早起的太陽
正潑灑著用金絲線綴成的感光網膜
才爬上半山腰
便聽到一串似曾相識的聲音
自哪堆滿了笑容的
累累果實枝頭跳躍著而來

要不要嚐嚐看
剛熟透的水蜜桃 甜而且可口
帶幾顆回去
請好朋友一起分享

於是
相見皆曰異是客
回首鄉關遠
席地而坐 道不盡故國情懷……

一九九五年十一月 高橋梨山 [illegible]

七七事變

潘皓

翻閱歷史扉頁
首先撞入我
眼簾的就是日本軍閥
當時以演習為名
而向我河北的宛平城發動
盧溝橋「七七事變」，然後繼續了
八年對日抗戰
終使其俯首認罪
舉械投降
讓其的好爽

二〇一六年七月七日於臺北

徐世澤手稿詩

我的未來

徐世澤

我已八十二歲
在這個破碎的現實環境裏
未來只想再活十年
什麼遠大的構思
崇高的理想
都不是我所需要的
但願能寫出一首首自娛的詩
讓晚年還能迸射出一些火光

未來的十年
地球的暖化是人類的悲哀
↓
氣候的變化是農民的不幸
冰川的溶化更會引起了恐慌
水荒、糧荒更會令人不堪想像

所幸，我住在天母
颱風吹不倒我的大廈
豪雨淹不到我的樓房

地震雖不能預測
可發生在台北的機率不大
只見高樓在搖晃

目前社會上詐騙猖獗
我已領教過他們的技倆
政局雖風風雨雨
十年內不會令我淒涼

2020年以後
環境可能複雜到令人心碎
↓
我縱使不死、不失智
也活得像個玻璃人
那時幾乎沒有好友交往
當也不再有任何期望

99.12.4.

吃藥　徐世澤

病魔隨油脂狡滑地進入体內
在液体裏隨時都會掀波
像臉燥熱，腳趾隱隱作痛
血壓不規則，大小便不順暢
均需藥物來和解，才能樂活

可是，吃藥後卻不能終止
心情雖有些厭惡
但依然需要作好紀錄
何時吃，吃那些？如何吃？
是泌尿？痛風？或高血壓？
一定要分辨得清清楚楚

每天按時吃一次或兩次
取出藥粒，喝幾口水
使之順暢流入喉到胃………
才能發生療效
千萬不要忘記吃
病魔會乘虛而動
最嚴重的要算腦溢血了

早晚都在吃藥
水已灌飽了一肚子
那討人厭的副作用
頭暈、腹瀉，雖未發生過
然而仍須吃藥、藥、藥、藥

101年6月2日

現代人

徐世澤

現代人，在地球村裏
已收到暖化的懲罰
氣候異常，人人遭殃
而逐漸揭開的禍因
遠多於我們所見的災害

田園因豪雨成了滾滾土石流
原是綠地變成石灘
原是良田龜裂為沙埔
尤其是冰川融解
引起島嶼的恐慌

地震震倒了樓房
海嘯使十萬遊客瞬間失蹤
怒爆的火山居民流浪

工業烟霧使空氣汙染
人類招致天譴
工廠和家庭廢水
流經河川，注入海洋
海產吸入毒素
又汙染人們的器官
天災加上水荒、糧荒
導致千萬人飢餓死亡

現代是物化殺手
社會愈來愈喪失倫常
詐騙猖獗，盜賊橫行
老人不堪應付
政局擾擾攘攘
政客是非扭曲，黑白不分

什麼和平、安全、幸福
都是奢望

恐怖份子，喪盡天良
炸毀無數蒼生
現代人似乎無法解決
卻將苦難禍延子孫

100.1.8.

夢境小品

徐世澤

夢裏的建築
似曾相識似朦朧
彷彿生平住過
所見的人覺得頗熟悉
只是兩目相視　不能對話
可看到書報、字條
陷我於回憶的深淵

夢裏肚餓尋餐廳
途中，有人輕声細語提醒我
某主任對我寫的文章有意見
我内心深處有個声音說
是誰？

一到餐廳　果然見到
政工主任怒氣沖沖地坐在
桌上吃麪
兩眼盯着我　無言卻有言
他的情緒是寫在臉上

99.7.3.

告別

徐世澤

十月初，我正在睡夢中
一位友人來電驚起
他帶有悽楚的語調說：
他現在有困難，無法回信
希望我能寫信給天津馬齡

噩耗來了
十一月九日下午
友人胞兄突來電
他告訴我，他的弟弟一月前
偃卧於風景優美的泥濘

這時，我想着想着
一股遺憾的逆流湧上心頭
上個月的悽楚電話是
告別

98.12.5.

自註：困難是其妻欠了兩千
萬的股債。
風景優美指深水海岸
。

又一年

徐世澤

2009年二月間
冒充警官、書記官來電
還有一個女人在旁幫腔
向我詐騙，說什麼人頭戶
要到我家來取錢

2010年二月間
同樣冒充警官、書記官來電
只是少一個女人傳話
他們誤認我是衰弱的老人
我已識破他們的伎倆
依稀仍似去年

又一年，2011年二月間
詐騙手法改變了
冒充銀行行員來電
要我到提款機匯款
我當然知道還是詐騙集團
歹徒如此設計
天天有貪心者受騙

100.2.12.

為臥床的丈夫拍痰

徐世澤

咳，用力咳
接着是一連串急速的拍背声
碰碰拍拍　碰碰拍拍
奏出規律而响亮的音符
拍痰声和虛弱的咳嗽此起彼落
形同一場苦澀的交响樂會

妻子夜臥丈夫床旁
主要是為了拍痰
怕外籍看護常貪睡疏忽
萬一痰咳不出就面向西天

就這樣照護了二十年
期待能等到新的治療方法出現

她心中的那種愛
像是飯桌上冒着一縷縷
熱騰騰的飯和菜
臥在病床上的丈夫拴住了她
不能離開
只嚮往着奇跡的到來

後記：病人是一位藥理學教授，其妻是中學老師。教授於退休後即臥病不起，伉儷情深，令人慨嘆不已。

100.6.6.

他鄉是故鄉

徐世澤

我曾作過一次遠遊的人
到了台灣島上
房屋格局來自日本
高大的樹洋溢着清涼
舍間北側是單調的田野
當時覺得很乏味
啊！何時我能重見蘇北故鄉

我暫且放開恐怖的心情
生活不再是漂泊流浪
往日大詩家的詩篇
譜出永恆的悅耳樂章
留給我鼓舞激昂
我常安眠築夢
還鄉，依然宿在陽明山上

99.1.2.

轉世（真？假？）

徐世澤

神童、天才那裏來
莫非前世來投胎？
人死了，只是
形体生命的結束
累世智慧與潛能都存在
有些小孩才兩三歲
說話有條理，心算勝珠算
隨音樂起舞，天賦與生俱來

轉世的靈魂像幽浮
飛入受精卵
前世記憶好比一片
電腦軟体程式不會消滅
隱隱約約與今生接軌
頓時豁然貫通，發揮潛能
成為學者、專家、權威

天才兒童經常出現電視
流露出異於常人的智慧
人類愈來愈聰明愈進化
轉世確實有道理

99.8.7.

李白來過秀苑

徐世澤

（台客提供）

我讀〈春夜宴桃李園序〉
瞌睡蟲咬醒了我
狂醉的李白
彷彿在眼前
由窗外大步走過來

他拉我爬上「秀苑」
與三月詩會同仁見面
他誇讚美景如畫
俊秀滿座

他不喝茶，嚷着：
「如詩不成，
罰依金谷酒數。」

一九九八．六．六。

戰爭　徐世澤

在國共內戰的年代
軍人上前線並不害怕
只要一衝鋒
就會喊殺、殺、殺

其結果
只有面對一種現象
遍地都是死屍
這就是戰爭

2012年7月7日

天倫之樂

徐世澤

在窗明几淨的客廳裏
兩個身影在互動
他們的眼睛對視
双唇常開着

父親對兒子說：
你是否記得我對你的照護？
兒子答道：
老爸，我一時想不起來

父親說：
啊，想到我的生命在你身上
青春洋溢
當我抱你的時刻
是最快樂的

兒子說：
您對我的希望如此大！
父親笑說：
你能考取公職
振翅飛翔，我真高興

人們都能聽見他們在
盡情享受天倫之樂的對白

101年7月24日

釣島風雲

徐世澤

日本又在莫名的
讓盲目鷹派復出
藉以展現軍國主義本質
企圖將我們的釣魚台國有化
引起領土爭議

一個戰敗的國家
應對占領釣魚台反省
尤其在震災海嘯後
多少人工作沒了，房子毀了
甚至無家可歸

關西地區的產業物流
有賴大陸擴大經濟內需
才能起死回生
若因釣島被大陸制裁
民生物資就將由此缺乏

中國護漁船艦仍在
釣魚台周邊海域巡邏
而且國家海洋局已公佈
26個釣魚台島嶼名稱
並命名最高峰為「高華峰」

由於兩國專屬經濟區域重疊
希望儘速進行漁業會商
近月來，曾已數度軍演
但不知那一天誤判情勢

再讓日本嘗嘗戰敗的滋味

2012年11月3日

慢活慢吃

徐世澤

五年前，我曾跌斷了右股骨
如今，我深切地記得醫囑：
早晨起床時，先要
坐在床沿一分鐘才站起
站30秒後，再慢慢向前移
步調悠閒，更要慢慢的走

上午七時前
在廚房弄好早餐
老兩人慢慢細嚼緩嚥後
在清理餐具時
↓
播放70年代的歌曲或京劇
累了，再上床補睡會兒
覺得非常愉快開心

中午吃完午餐
便外出走動做一些事
像寄信、取款或購物
過馬路時，特別提高警覺
看對街標示的綠色數字
一步一秒，怕走快了會跌倒

有時也會走進復古跳蚤市場
品味舊時的日常食品
想留住時光流逝的痕跡
重新体會那慢慢活的悠然

下午三時左右
再上床補睡兩小時
醒後，又要準備煮飯、做菜
七時許進晚餐
家人團聚，說說笑笑
直到十時，才能清理好餐具
↓

我今年84歲
才知「慢活慢吃」的真諦
有人說：
我們已經是三等公民了
每天「等吃、等睡、等死」
像這種肺腑之言
值得老人參考

101年5月5日

寂寞

徐世澤

一個模糊的影像
穿過落地窗的玻璃
似有冷風在吹撞

臉像貧血病的蒼涼
額頭凝結着憂鬱
豎起耳朵 諦聽遠方

每日度着同樣顏色的歲月
折疊在生命年輪裏的哀傷
面壁冥思 裁詩送夕陽

101年12月1日

生活

徐世澤

歲月流逝，塵土湧上心房
日子如梭穿行順暢
鳥兒愛盆花，在窗外歌唱
藍天白雲如啓魚
庭園中桂花飄出芳香

今天握在手裏的，有
燦爛的陽光
早餐燕麥豆漿，供給熱量
大街上人來車往
我要過馬路，還是很緊張

遠去的克難不再，經濟飛揚
近來的金融風暴，物價翻漲
我只安靜地過着簡約生活
散步寫詩，細數一天的消逝
夜晚在睡夢中徜徉

漂流木

徐世澤

像一根漂流木
1944年在泰州讀高中
為着築夢，决定不再回
蘇北黄海邊，過農村生活
就從長江北岸向東南漂流……

抗日勝利後，第二年夏天
一路漂到黄浦江邊的上海
幸運的考上國防医學院
生活問題就此解决

1949年春，想不到
會漂流到台灣海峽東岸
而徘徊在战爭邊緣
對未來雖有些茫然
但又充满期待

誰知，一切都是天意
1950年6月，韓战爆發
漂流木被有關機關撈起
發揮了建築的功效
有些還漂到美洲、澳洲……

捷運

徐世澤

一條像風疾馳的彩龍
驚喜了我們的心
推送着我們跨入大腹
密密集集
擁擠着　流動着

你從新店游到淡水
由烏來山中傳來的歌声
四十分鐘後
美妙的奇跡在東海上播唱

咖啡店的老板娘

徐世澤

在東區一家咖啡店裏
老板娘的穿着跟上巴黎
面頰溫潤豐腴
待客熱情，微笑優雅
宛如一朵迎春花

咖啡店裏裝潢典雅
充滿了文藝氣息
我在一個臨窗座位坐下

聆聽蕭邦鋼琴協奏曲
激越優揚的詩韻
引領我親近繆斯女神

老板娘蓮步輕移
以純真微笑，親切送來
一盤色香味完美的簡餐
輕声細語「請慢用」
餐後，咖啡格外濃郁甘醇

我一面進餐，一面仰望
總覺得她就是繆斯女神的化身

值得詩人讚揚
我離席時，她含笑說：
「謝謝光臨」
就是一首絕佳的詩

臨終前的預兆

徐世澤

常聽有人說，重症病人
在臨終前，為了要向
親友們交待後事
有迴光返照，突然清醒
讓在場的人驚訝不已！

我曾在20年前
目睹好友孫君斷氣前
在病床上掙扎
只輕輕撫摸着他的手
他便舒嘆了一口氣
接着，面容優雅
双頰如雨後天邊的彩霞
唇角掀起一朵微笑
安詳的看着我……

過了片刻，我一抬頭
發現他兩眼角膜
同時有了一縷淚光
如其所願
他要回到天家

曇花

徐世澤

含苞待放的嬌客，昨夜來訪
驚見她的麗質剎那間
綻放出一朵流香，潔白如霜

夜裏，在燈光照耀下的陽台上
目睹她展現的生命的精華
勝過秋夜皎潔的月亮

今晨，我推窗觀望
未留下一點昨夜驚艷的痕跡
她的表現依舊平常

櫻花

徐世澤

早春，她在陽明山上
用力漲紅了臉
綻放嬌美微笑的花朵
成排在道路兩旁展現

春風時寒，逗她
攪著樹枝低吟
春雨料峭，害她
日夜含淚嗚咽

開了又開的紅花
花瓣凋零
如鮮血落地
與如茵的綠草爭艷

震醒

徐世澤

屋內一片漆黑
門窗咯咯作響
熟睡中
床像遊艇搖晃

灰暗的夜空
透過淡淡的天光
彷彿置身世界末日
只見廣場上人影幢幢

陽明山小憩

徐世澤

藍天綠樹，小油坑噴氣口
七星山峰頂天
飄飄雲朵出岫
林間送來
紡織娘声的輕柔

偶來大屯公園小憩
引來涼風拂袖
花蕊飄香
粉蝶飛舞
讓我忘卻心中煩憂

駐足花鐘之前
凝視中山樓
滿山紅花櫻唇
這就是花季的美景
留住我的目光久久

寫一首比生命長一點的詩

徐世澤

今晨，讀白居易的〈琵琶行〉
"同是天涯淪落人
　相逢何必曾相識"
究是本詩的主旨
卻因琵琶演奏的真切
而使江州司馬青衫濕

上午十一時許
又讀到岳飛的〈滿江紅〉
"莫等閒，白了少年頭，
　空悲切"
此詩的民族感躍然紙上
壯懷激烈

這時我想到，要寫
一首比生命長一點的詩
就要和白居易、岳飛比
可惜我沒有他們的
時代背景、際遇和功績
且已白了老年頭，真悲切

102年元月5日

131　徐世澤手稿詩

身老台灣　徐世澤

當年千里來此難
孤苦受飢寒
幸能於求學後
就業上班，生活粗安

成家能過購屋關
官階按時攀
退休俸可以過活
閒來把詩玩

兩岸三通時
鬢先斑，只可還鄉看
此生飄泊坦然
心在江蘇，身老台灣

2013.2.2

枝上柳綿吹又少（春去思郎）　徐世澤

燕飛窗外繞前廊，花褪殘紅杏正黃。
枝上柳綿吹又少，此番春去思林郎。

此題不適合85歲老人寫新詩，故以古典詩交卷，
并以〈身老台灣〉代替。

中風

徐世澤

本是一張和顏悅色的臉
嘴角卻歪向一邊
是被「疾風」吹過而變形的嗎？
連話也說得不清楚
且又有一隻手無法舉起
這現象不能遲疑，要趕快就医

這時，要當火災來看待
趕緊呼叫119
救護車馬上會如游龍飛來
把病人送到急診室

医師立刻針對病情
緊急注射血栓溶解劑
或作其它有效的處理

像這種「疾風」，把人推倒的情形
幾與死神擦身而過
衆人大声喊叫，只能眨眼睛
幸運的在人生道路上
還可坐輪椅或拐杖……

119成了救命恩人

金筑手稿詩

戰爭

金筑

戰爭　戰爭　戰爭
恐怖　恐怖
扭曲了心靈的脈絡

戰爭　戰爭　戰爭
毀壞　毀壞
突顯出地獄的影像

戰爭　戰爭　戰爭
瘋子　瘋子
人性齷齪的表現

戰爭　戰爭　戰爭
死亡　死亡
生態均衡的良方

自認是人類之智者
愚昧　愚昧
技窮之表現

孫武　吳起　黃石公
拿破崙　東條　克羅塞維次
罪孽之輩　一群禽獸
禍害於地　負罪於天

二〇一二、七、七、

詩是人的歌謠　　金筑

——賀北京詩刊三千期——

詩三百　風雅頌　賦比興
是文學的鼻祖
中華文化的瑰寶
雍容泱泱的風範

唐詩三百　律絕樂府　平仄對仗
是文學的精華
芳馨遠播千載
萬花撩亂　美不勝收

詩刊三百　承先啟後　繼往開來

是詩壇祭酒

傳承文學的新章

歌頌時代凡騷

詩經三百　唐詩三百　詩刊三百

成熟的教好

振興華夏文學

飛足成詩國的新氣派

一九九〇.三.十九（台客撰供）

破殼

金筑

渾圓的鳥蛋
孕育一個夢
孵化
一個海闊天空

趺坐瞑目
孕育一個夢
破殼後
翩翩樣飛隻蝶
一粒春

影子

金筑

拉長了
現實的提昇
壓扁了
虛擬光的縮影

壯懷

金筑

日月兩個大餅
夾滿雲彩的歲月
灑星星的芝香 點點雨露
我咬一口
下到銀河漱口
入夢 入幻
和宇宙比身段

俯拾

金筑

拾起一片紅葉
聽到秋在嘆息
再拾起一片紅葉
聽到她在哭泣
不忍心再俯拾了
因
我聽到
心在悲泣
飲淚 淒迷

醉秋

金筑

拾起一片楓葉
　秋已醉了
望。但見紅艷滿谷
秋色入甕

再拾起一片楓葉
　我也醉了
晨與八醺醺不醒

而
　甕中溢出
縷縷詩香

虛杳的切斷

金筑

為鍾情的戀織夢
覽鏡凝眸
與分身交契心音
鏡中人欲衝出
要求影像重疊
我無奈的回頭
鏡中人失望　苦笑
折斷時間的距離
催散伶仃的幻影
突然戢影消失
我惶惑震慄　緊握拳掌
而舒心泰然
原來
分身已捏握在手掌矣

麥穗手稿詩

重履林間小徑

麥穗

重履林間小徑
不是來賞山景
也不是運動健身
是來撿拾一些遺落在林間的
回憶
一隻蝴蝶撲面而至
彩衣　舞姿依然眼熟
場景卻有隔世般陌生

13，2，26，烏來寓居

伸手欲招來一叙
談談鋸斧離山後的林間歲月
我却驚慌失措地擺脫而逃
似乎恐懼人類的那双手
又將揚斧斤入山

山徑不是天生自然的
是腳印疊著腳印踩出來的
獵人　苦力　林工　山住民
獸的蹄　禽的爪
現在這些都成了過去
此刻傳來一片登山者的喧囂
使我想起伐木時的鋸聲

夫妻樹

麥穗

一進新中橫後
當怪手 推土機帶著
現代文明和潛在危險入山後
他們被迫站在新開的路邊
成為供人玩賞的景觀
不再是遠離塵世
不沾人間煙火的隱者

所幸的是沒被
斧、檳榔、高山蔬菜打擊出局
讓他們在人來車往中
觀賞人類在此地暴露出來的
醜陋與無知
接受從車窗中拋過來的
垃圾廢棄物等回饋

一九九六.八.廿九.新店近雲樓

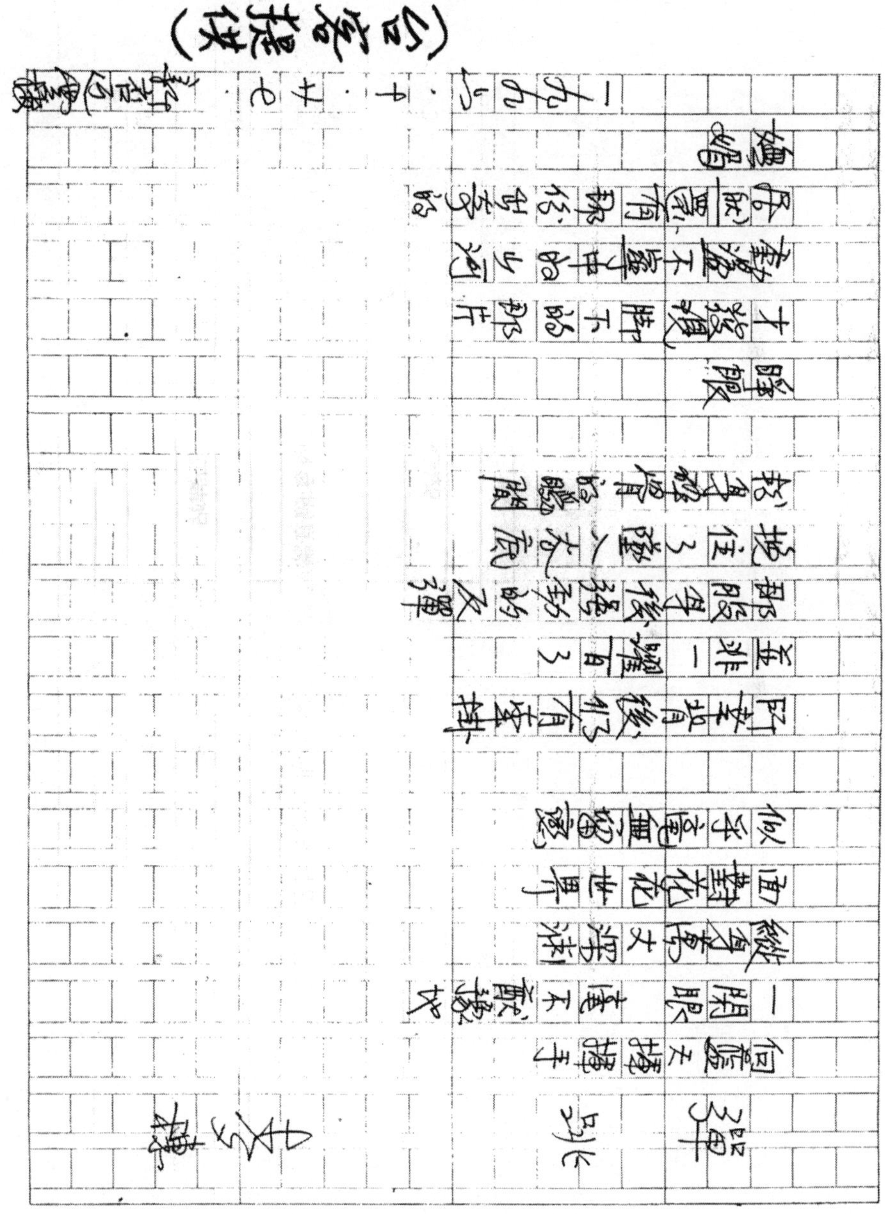

謝輝煌 手稿詩

黃昏

謝輝煌

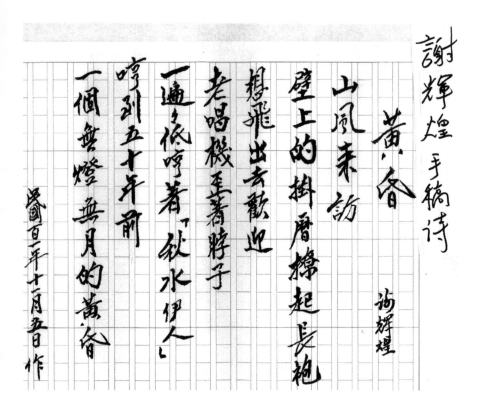

山風來訪
壁上的掛曆撩起長袍
想飛出去歡迎
老唱機歪著脖子
一遍遍低哼著「秋水伊人」
哼到五十年前
一個無燈無月的黃昏

民國百一年十一月五日作

盧溝橋的獅子

謝輝煌

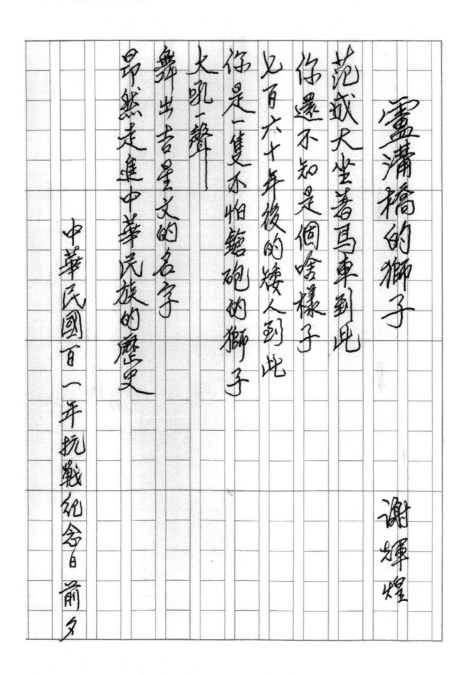

范成大坐著馬車到此
你還不知是個啥樣子
七百六十年後的倭人到此
你是一隻不怕鎗砲的獅子
大吼一聲——
舞出吉星文的名字
昂然走進中華民族的歷史

中華民國百一年抗戰紀念日前夕

清濁亭

謝輝煌

獨立千仞
縱目古今
想必閱人多矣
借問慣看清流濁浪的老丈
是否真已看清
誰濁誰清
誰醉誰醒

一九九三年六月廿六日遊石鍾山作。
原刊《葡萄園》詩刊一一九期。
〈台客提供〉

晶晶手稿詩

雲之戀

晶晶

你是一片浮雲
在天涯飄泊
我只是一方小小水塘
總在盼望中期待
你的投影

如果 你承載的離愁過重
如果 你背負的相思太多
就痛々快々地哭一場吧
我將敞開胸懷
擁抱那傾瀉而下的
晶燦的淚珠

（麥穗提供）

一九九五．五．廿二

祈願

晶晶

昨日已揚長而去

今天正迎面走來

活着

背後是債　面前是緣

心中有愛

便能心甘情願地償債

而智慧

則能愉悅祥和地結緣

（台客提供）

珍惜和滿足眼前的擁有
正是对人生滿懷的春意
向生之旅途預約一處定点
瀟灑行去
抖落一身塵埃
心存虔敬
祈願着
清明的天空
平安的夜

童佑華手稿詩

夢迴秦關

童佑華

枕夜憶秦關，聽鐘未眠客。—韋應物

千百回夢中
歸鄉的路　难　难　难
「难於上青天」
每一次都在踏破了鐵鞋
眼前不是山重嶺疊
就是汪洋大河一片
任怎么迂迴跋涉
終究尋不出一條可以走進家門的捷徑

園中的綠繡眼辛勤築巢孵卵哺幼
一朝小鳥羽翼豐滿便振翅飛離
從此再也不見回歸舊窩

翻開一九四九那年日記
泛黃的紙上那些
顫慄的筆墨　瞬間
情急跳出　一字字　一句句
都是嗆著淚水的
歎息

九十九年元宵初稿

心中的一畝田

童佑華

白頭翁有詩言天才歌唱能手
唯個性倔強 牠
總譏諷咱是那為富不仁的 黔教
從不屑
嗟來之 食

馬拉巴栗 溫柔堅毅
一個礼拜不 飲水
照樣面不改色
晨昏吹奏與我爭吟
風的 新韻

這年的一畝田 是俺
書房窗外的空中花圃
我把它當作詩一樣 每天
字斟字酌 勤奮書寫
這年的一畝田 是
我日夜徜徉思念的美麗
故鄉 故鄉

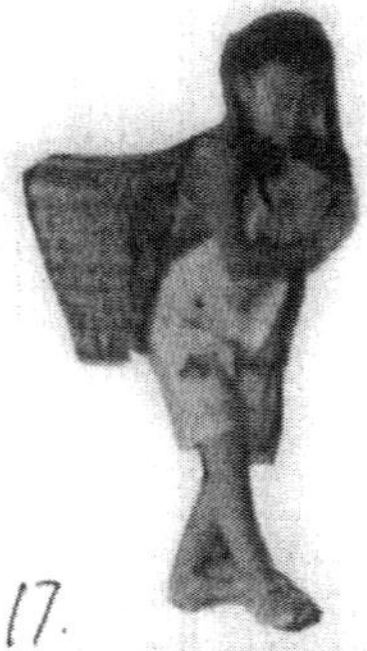

100.9.17. 汲水女娃

口琴

董佑華

風景依稀
豈奈流去 遠颺
技法已隨年華衰老
故事只能在緩慢樂音中生迸溢出
　陳年古窖仍舊是最爽口的
佳釀
孟姜女四季吟 与
望春風十七八歲未出嫁難某囡仔是一寶
綵蝶新醅的 協奏曲。
那年 幽暗室內 对看
窗外彩色的
雪花 以低八度詢問：
掠水穿簾的 燕子
幾時 才是
歸期！！
回頭從東山升起
溪水在西溝沿旧々
　　　輕唱
　念故鄉故鄉真可愛些曲只愛上有 今值
我把末尾一個音符 拉
高到 超強 超長
——

Pelican
塘鵝.鵜鶘

野馬·玉女

童佑華

一頭
汗
血
馬
曠野中 奔馳
傾長鬃毛根根豎立 披飛——
野馬 分鬃 恬眠々
徐悲鴻筆下
神駒
玉女穿梭 則是另番
生命落招乘風柔美
境界
柔非弱
柔到極處乃
剛猛 曠蕩 太一（註）
手腳

註：莊子天下：主之以太一，一以不二，言大道曠達，概括萬有。老子：守柔曰強。

寒江獨釣

童佑華

人老　心不老
（這是一句經得起風霜的人生啟示）
何必說老
我以喑啞的破嗓子高歌山塔霞西垂
我以溫柔的筆觸譜寫人間小詩
我以榮寶齋的大狼毫「獨釣寒江雪」
如果你已步入七十八十也不必說老
每個人都是活出陽光生命的
一方田地（須自己用心墾拓）
看看我們的郝伯村將軍九二高齡

一個星期當中兩天揮桿高爾夫
兩天「站在城樓觀山景」
兩天與子作快活水中蛟龍
他哪裏還有閒暇時間去
老了、
用手抓飯吃的印度聖雄甘地」
更不是一盞省油的燈
他曾對自己說：
好好掌握生命
哪怕明天就會面對死亡
(Live as, If you were to die Tomorrow.)

九十九年元月十日初稿

歸

童佳

不論帝王將相販夫走卒
到站了
就得下車
東初老人 聖嚴師父全都是這樣從他人
手持的小紙袋中緩緩道入那
殊青古的陶土罈層層
大自然同參合而為一

寧靜山野枝頭恆有
　白眉小菩薩
朝夕都以那般虔敬歡喜的歌聲在
反復吟誦
經句句
南無　阿　彌　陀　佛
可惜　太多時候
眾(世)人都疏忽了
未能
覺察

呼喊春天

一戲玩書法

童佑華

乘着這鋒健墨飽筆勢
越過重重陰霾
以酣暢淋漓之姿大膽
奔騰
跨步阻滯
跨步趑趄
跨步疑慮
落葉滿台階是那些
飛白　在
呼喊　春風是否已到人間
天外　有
天　仰視
鸛群
掠空　翱翔
趯　策　掠　啄　磔
它們正在揮毫寫書法唱
把陰之心必須具足
「愈不穩則愈妙」　切記
—嫺熟儁雅　春天自在
秋霜冬雪以後來臨。

金色記憶 二帖

西風是
躲藏在山林深處的
　　秋天
第一個　信使。
在北方　滿坑滿谷的
蔥蘢合住霜冷　恣意侵染
綠葉便緊抱枝幹索索　不肯
離去　企望尋回失落的往日
金色　記憶

李佑筆

紅樓夢殘

寧國府 榮國府
繁華將盡
八十回以後 你得準備一大卷
吸水手巾 一步步走近
寄人籬下 病愁多加的那
多命女孩林黛玉 身旁
看她如何用血和淚
一夕之間 埋葬大觀園滿園
黑色 謊言

海市蜃樓

童佑華

仙跡岩頂端九十度仰角處
當天狼星未及現蹤時
我在住家十五樓窗口
向揚着拂塵遊方的白雲學習 動中之
禪 定
而從窗玻璃 透視
遠天倏地照見
雲層間一幢 銀灰色
海市蜃樓 天上宮闕。

驀然回首 這才發覺
那皇皇殿宇 其實是默不作声
站立在對街另一间大樓真實存在的
虛幻 身影
人生 漫漫長路
白雲蒼狗
虛幻中若有真實
真實處處多半摻和着
虛闕

註：末一字闕双関語，一者呼應前宮闕，再則闕通缺，
曾國藩處世哲學座右銘自署「求闕」二字。

摩登（Modren）

——隻受寵家狗的告白

董佑華

我要的是活蹦亂跳
我要的是在如茵草地上打滾
我要的是同類哥兒們
　　追趕跑跳碰
　　假裝互咬取樂

尊貴美麗的主人
但請聽我說：
實在不喜歡這樣子站著不動扮乖寶寶
服服貼貼讓你的金梳銀梳
在我全身上下千梳萬篦

還貼進我腳丫
盡講些叫人頭皮打結
肉麻兮兮十分噁心的情情話
你每回都完全沒注意到我痛苦的不耐耐不悅
我尊貴又美麗的主人
你是煩也不煩吶ㄚ!!!
你如此地疼我寵我　你瞧!!
那天上的雲彩也看不順眼噗哧一笑
夾着尾巴頭也不回地
飛跑了

九十九年十二月廿三日以為本年最後作業

壹里信箏

○爽約（未來）三帖

日暮黃昏
景色好也不好得自己拿捏
今兒 在這么多雨的季節裏
伊人果然沒有現身
吾推乃未二人共用的這支小雨傘
已無力撐住 只得
閒看山花 哼哼那首古老的情歌—
Just walking in the Rain
雨中尋樂 企圖裡構
另一種不一樣的 奇異
風景

○夏天溜了
趕着春天 走過
山林原野追尋 失落
好回應我的是一枚蕭索的
秋天 我彷彿看見了那躲藏在
巨大山巒後面一片白茫茫
雪花紛飛的
冬天

○惑
一片楓葉無端地飛身橫跨在我行進的路中央
不知她要攔阻抑或是指引另一個方向？

折枝

花開堪折直須折，莫待無花空折枝。
佚名．金縷衣

我為窗台上的一盆
袖珍石榴樹例行施肥
修整其姿容
不小心將其中一根
枝幹　折損
（未全斷殘存莖皮帶肉約1/3）
石榴樹微微低頭沒說半句話
只　懾人心魄地向侍候一旁的初夏
輕呼了一聲：
「痛」！
數日後　她用行動
表達了自己的堅毅不屈：
比先前更加的枝繁葉茂
似是在
回嗆　笨咱家
前夕的
粗心大意

九九年四月九日初稿

我們在圓山

童佑華

不是「大陸尋根」
不是大貝湖和圓槍射擊
民國100年四月的春天
老之（老）妻在圓山的"春天藝術"飯店窗口
遠眺
一大片正伸長脖頸向
天空吶喊的青青秧苗以
青青的聲韻
青青的歡呼
以及
青青的思念
之
回憶青青的過往

老伴問何時退房？ 答非所問
我說農曆三以個詩替我們付了全部費用了
順手伸進自己的衣服口袋
掏出來的都是半世紀以前
零碎晶亮
時　光

走入四方城

董佑華

離開母親溫暖的子宮
來到這陌生世界
是吾(們)生命初始的第一次
告別　張皇失措哭得驚天動地
引起身旁的人歡喜微笑
此是矛盾中的和諧

• 人的一生許多時候都在等待中數日子的尾巴
不論距離多長程
不論悲喜好惡

風雨斜陽下
我只將　阿彌陀佛譯成凡人的語言
一路獨自美美地吟唱
待得日薄西山
那冷冷的四方城
遲早總會等到我凝血的身影
一坏黃土　安然然
太虛六合同參

• 誰能知道是否真有來生？
但願我兒孫後裔平凡中見出健康

拾人牙慧

慶祝民國一〇〇年

董佑華

「大時代的歷史走入了風雲激盪的一九一二中華民國誕生」
歷經了無盡的苦難腥風血雨去抗奮昂揚歲月
這本九十九次 日曆上最後一天的「31」給予在
九十九年最後一道夕陽下的寒風中
堅強 驍勇 光華地
重轉地 落下：宣誓一個嶄新的 生命啟航

「刪除」——
那些不必要的「後悔」「不甘心」「不愉快」以及「誤解」
無論災難 禍福

從今天（明年）年復零開也
就都一齊交給
台北的一〇一煙火　焚燒　散熱　發光吧
昨日的夕陽已然煥發成
中華民國100年的璀璨萬丈鋒芒
說「soft power」也好「smart power」也罷
我們普通老百姓要的是：
「住所回看」「和平共存」之卑微的「生活安定」

註：拙作若干詞彙詩想，均係閱報時零星撿拾，
任拼湊組合而成，故云「拾人牙慧」耳。

牙齒春秋（合寫提供）董佑華

—讀詩人麥穗「拔牙」有感戲作

豈止酸甜苦辣冷暖

　都嘗遍

胸臆中的每一次愛恨喜怒

盡化成語言意象

從一個句捺句逗

不是經過你精雕細琢

　才能毫釐不差的表達

也曾「張雎陽」

也曾「顏常山」

浩氣凜然　威武不屈

所謂語驚四座
　悅耳銀鈴
所謂黃鶯出谷
　珠圓玉潤
唉唉──
只可惜竟然晚節不保
向未達「開始」之年
就這般意志不堅
一個接一個的發生了
「動搖」

一信手稿詩

告別蠢牛

一信

烏雲化雨水告別天空　才能
　穹蒼清朗　大地豐盈
太陽用燦爛告別黑夜　才會
　光明普照　萬物滋生
台灣以痛心告別蠢牛　才可期盼
　久病經濟與社會由沉屙中復元

蠢牛　你在台灣
的2009年　不耕田　不吃草
闖禍連連　踐踏台灣人民苦痛
吃掉很多人工作　收入　生計
引發颱風水災　經濟風暴　流行病疫……
為害台灣　荼毒台灣

蠢牛　希望十一年後再見時
你已变成帶來祥瑞的福星牛

註：2009年農曆為己丑年肖牛。

麥可，好熱啊！ — 信

麥可　好熱好熱
你把歌唱成焚燒的火
你把血管中的血跳成着火汽油
你用音樂引燃千萬青春火把燃燒
好熱好熱　麥克
你終於被燒成飛颺的煙
消失於熱流中

麥可　台灣的六月下旬太熱
七月八月……更熱　你要遠行
你要乘風遠行　Bye　Bye
台灣會將你的舞步歌声音樂
於熱潮中沸騰　在熱浪中翻滾
你走吧　我們會在熱浪中
跳你唱你音樂你搖擺你顫慄你及我們
共同的靈魂　太熱了　Bye Bye 麥克

未來的中華民國　一信

一條龍　在無邊無際之翻滾浪濤中
豪然自得地優游　自如地浮沉
從千萬年游來　向千萬載游去

一條龍　在浩空瀚廣之風雲中
傲然自興地優遊　自如地升降
從千萬載遊來　向千萬年遊去

中華在海天是龍　在地也是深植古樹的根
百姓　是代代生長之麥稻花果
國家國號乃　常被砍伐又常培育之樹木
這些　傳統如何詮釋？現代如何解釋？
未來又如何註釋或譯釋……？

未來的台灣

是一陣風　或一陣雨？
或大風中之一波波的浪？
或是一次一次春雨後花卉？

或是太陽？或太陽之光芒？
或是黑夜大海中的一座大岩石
或是中華民族冠冕上之寶鑽

夢醒猶朦朧　一信

作過了黃粱夢
經歷了貴賤榮辱　愛恨情仇
如今　夢醒仍朦朧
歲逾八旬　回顧夢境
難禁感慨浩嘆
也揚眉踞詩傲笑　傲嘯

傲笑又傲嘯　夢境中曾
越過了千山萬水　千情萬慾
歷過了千難百劫　苦樂生死
也讀了千書萬文　千詩萬言
也寫過了灵思小語　放詩狂詞
如今　自豪地捧詩高吟　持卷朗誦
如今　夢雖醒卻仍朦朧

春到人間

一信

以和風搖櫻花芳美春天容貌
看紅杏在枝頭鬧沸春天艷情
用鴨群於水中嬉探春天熱度
我　脫下一件一件衣服裸迎春天體溫

一道道溫馨陽光把春貼在時光紅門上
一泓泓和暖春水蕩漾在季節眼波中
一陣陣滋潤的雨覆蓋在莽莽大地上
一首首詩　感性地圖騰在藍天黑土中

春就這般笑笑地　來到
仰首揚臂高舉雙手歡愉之人間了

夢魘

作過了一場黃粱大夢
現在仍陷入「我作夢」或「夢作我」
的泥沼中不能脫身
無奈 掙扎地爬到陰陽河中淨身
卻看見了十座閻王殿 ——
每殿的設備 設施 鬼員 處理方式都不同

（唉！我又陷於泥沼中了）

從貴賤榮辱 愛恨情仇大夢中蘇醒過來
小夢卻仍然經常不斷 最常夢到
被犬吠……追咬……

（唉！又陷入另一泥沼中了）

春到人間　快？快！快……

烏龜爬上即駛的捷運車
誰能嫌牠慢
兔子在跑步机上快跑,
能跑多遠？有多快？
春來花開　花謝春走
是花生命快　或時間快？

看烏龜兔子看花看春
是看得快？懂得快？
還是它們消失得快？

都快　它們我們都快
都很快很快了啦！春天？

又一年了

一信

這一年　就是一百年了
百年好合　好好合作　合諧　合順
百年好和　和平　和好　和睦
百年好渴　渴望大家健康　經濟繁榮
百年好喝　來乾一杯　好酒啊！

前一年　九九　曾經有
久久的災難　久久的國難家痛
久久的對立對抗對敵不對眼
糾糾的糾葛糾紛糾纏不清
過去了　都過去了

後一年　101 — 台北的最高峰
應蛻變成舉世最高峰
將戰爭率由50%轉化為0
將失業率由5%轉化為000
將快樂指數拉高到99.99…加自己

新年萬事如意 — 再乾一杯
我　有酒萬事足　無名一身清

現代主義 一信

揭開「現代主義」的蓋頭
它 如此猥狎

「超現實」竟掙不脫現實的枷鎖
「潛意識」卻陷入混乱的泥淖
「達達」無意義地虛無了
「未來」被机器輾碎了心灵
「表現」自我内心誇張 異化
終於前無因後無果了
「存在」真實自我 隔絕虛假理性虛假樂觀
仍然與神同被時代現實潮浪沖走

「現代」不是今天 亦非現在
乃一隻斷了線的風箏
正飛向虛幻的天

真情再婚——夏之浪漫

—信

——獻給陳秀慧女士

嫁給你 ------ 再嫁給你
每嫁一次　真情堅貞更堅貞

不孕離婚乃因　延續家族血脈
　而忍痛犧牲之摯愛
重病再婚　證實
　再次犧牲之感人情懷

植物人身邊追長的守候是大愛
推輪椅長日服侍乃人性發光燦爛
對天許願　跪地祈求　對你
　以一輩子的時間真情守候　忘我期待

比翼的鳥大難時終將分飛
連理之枝大旱時必然枯腐離折
天地見證　我們離婚後再結婚
乃萬難不變　不摧且不離棄之真情浪漫

註：99.4.22聯合報載：陳秀慧女士21歲嫁顏士業，婚後七年不孕，受傳宗接代壓力而離婚，離婚後顏外已娶妻，且連生兩女（仍同居）。97年顏士業心臟病開刀成植物人。陳秀慧不離不棄服侍，八個月後甦醒，需再開刀，家人放棄，陳秀慧乃借錢與顏再婚，以妻名義簽字同意書開刀。誓言終身相守。筆者認其情可書可史可傳可劇，乃以詩頌之。

夫癱瘓 不離棄 明天我要再嫁給你

前夫植物人 天天復健終站起 下周心臟裝支架「要以妻子名義簽同意書」一輩子推輪椅也要相守

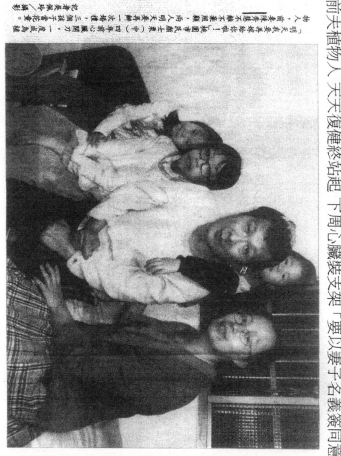

【記者吳佩玲／桃園縣報導】「我們這次一定要白頭到老！」四十九歲桃園市民顏士栗心臟開刀變植物人，離婚妻子陳秀慧不離不棄照顧，顏士栗奇蹟式甦醒，近日要再動一次手術，陳秀慧決定明天再嫁他一次，「我要以妻子名義簽手術同意書」。

「我沒有喜悅，已經好幾個晚上睜眼到天亮。」陳秀慧說，顏世栗五月一日要在林口長庚接受心臟血管支架手術，她擔心心臟後方還有六公分大的瘤，手術風險很高，醫生沒把握，「很怕婚後就辦後事」。

陳秀慧一手張羅婚禮，向朋友借三萬元，只簡單辦三桌喜宴，還為「準新郎」買套新西裝外套，自己穿舊衣。

「要加油喔！顏士栗你很幸福」，長庚醫院心臟外科醫護人員獲悉喜訊，包紅包獻上祝福，心臟外科主任蔡峯鈞擔任證婚人。

陳秀慧廿一歲嫁給顏世栗，結婚七年不孕領養一子，丈夫有傳宗接代壓力，八十七年離婚。沒想到離婚後她意外懷孕，兩人連生二個女兒，一直同居。

九十七年五月，當看護的顏士栗，因心臟主動脈剝離緊急開刀，「他開刀住院的那十八天，我好像過了十八年」，顏士栗手術後有八個月呈現植物人狀態，顏家靠低收與友人濟助過活。

在「前妻」天天協助復健下，顏士栗現在會用支架慢走，開口說「惜惜（閩南語疼惜之意）、乖」。陳秀慧每次餵飯時，還逗顏士栗每吃一口飯就說一次「我愛妳」，十二歲大兒子律境會講笑話、女兒依誠與可晴幫爸爸搥背、唱歌解悶。

陳秀慧說，前夫去年底一度病危，她通知相關親屬北上，得到的答案竟是「全家人決定放棄，讓他好走」。顏士栗搶救回來後，她告訴自己「顏士栗已經屬於我的了」，決定再婚，用妻子名義簽署同意書「再救丈夫一命」。

「那怕一輩子為他推輪椅，也要相守。」她祈禱手術成功，「三個孩子是我們的伴童，就好好珍惜在一起的日子吧」。

「明天我要再嫁給你啦！」桃園市民顏士栗（中）四年前心臟開刀，一度成為植物人，前妻陳秀慧不離不棄照顧，兩人明天要再辦一次婚禮，三個孩子當花童。

記者吳佩玲／攝影

喝!來唱春酒 2010.3.6. —信

春從天際來
酒乃地下釀
天地相合 妙啊 來飲春酒

邀龍虎來宴春酒
他們隨身帶來
滿天雲騰 遍地風声

邀一群鳥來宴春酒
他們有喜鵲 有燕子 有呢喃……
有的自稱麻雀 烏鴉 黃鸝 有的自詡為老鷹 大鵬

邀一群忠誠良犬來宴春酒 雖醉了
仍然對主人及善良者釋善意或捍衛
對行動詭異或兇惡者大声吼叫 撲咬

邀一群牛來宴春酒 他們
雖然堅苦辛勞 卻無怨無悔開懷大喝
而且不挑食 不擺架子

有一群老鼠來唱春酒
他們悄悄地來 挑食揀好的用餐
並打包攜走供養隱子孫享用

邀一群……邀了很多族群宴春酒
當然 一定要與詩友們來浮大白宴春

噯！人

一信

2010.8.7

真

世界上真的有鬼
鬼　就在人的腦子中

假

世界上所有事物都是真的
只有人是假的

虛

好詩多屬虛幻　好人多数虛心
好僧禪悟虛無　高僧道昇太虛

實

植物最終成就是結果實
實驗所追求的是絕對真實
人卻是真真假假虛虛實實
是既現實又不誠實更不切實
實在是不會做人

裸體女人

一信

真理及詩如果裸體 那女人
光溜溜 明明白白地一覽無餘
誰還會愛慕她的神秘神聖真心追求
也許起邪心 搞些歪理的事

真理及詩如果包得嚴密絲毫都看不見
不知不懂 烏黑一片 那女人
誰會愛慕 追求 願為她犧牲奉獻
可能不睬不理地閃開

祇有半裸才能在半明半暗間 撩人
撩人欲知全貌欲窺全體欲知那未知處
如此才會傾全力以追求未明處之真相

裸體非真實真理 裸體非涵蘊深意好詩
這樣才有人想、褫褪她衣衫
追尋裸體神秘神聖真理及深醇的詩

族群融合說

一信

2010.2.3.

您一定知道：
千千萬萬江河溪澗的水
流入了大海　永不涸竭
單獨窪坑中之積水
陽光照射　很快消失於無形

您一定知道：
無数樹木花草　人獸蟲豸
生存於浩瀚大地　各適其處
屹立之礁崖磐石
寸草不生　孤獨渺無生机

您可知道？
誰如納萬流成浩博泱漭大海？
誰是羅山野為豐盈廣袤大地？
誰若窪坑積水？
誰乃孤立礁崖？

但我確知：
中華民族文化是海洋是大地
窪水礁石獨立中附存惟有宿命
少数人駕駛的懵懂列車只載戰爭及死亡
融合的大海大地宛如日月之大同

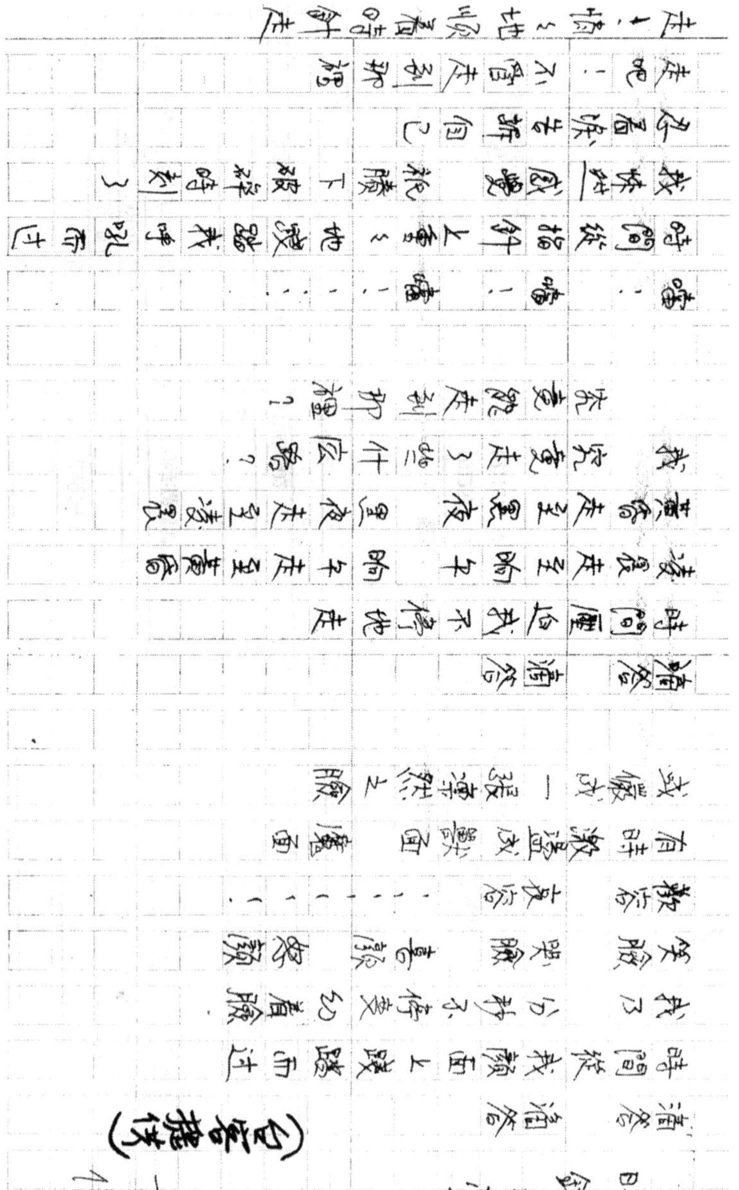

時鐘之謎

(白家捷)

清晨　清晨
時間從我臉面上踐踏而过
我乃　仍抑不住變幻着臉
笑臉　哭臉　喜臉　怒顏
黃昏　黃昏……
有時激盪成驚面　懼面
或凝成一張漠然之臉

清晨　清晨
時間壓迫我不停地走
凌晨走至晌午　晌午走至黃昏
黃昏走至黑夜　黑夜走至凌晨
我　究竟走了些什麼路?
　究竟能走到那裡?

嘀…　嘀…　嘀………
時間從指針上重重地踐踏我呼吸而过
我怵然感覺　祇瞭下被踩時刻了
忍着淚告訴自己
走吧!　不管走到那裡
走一趟趟地球旅程的時走

蔡信昌手稿詩

三月詩会餐敘雅集 兩仟又十二年元月七日(六)11:30～15:00 真北平餐廳二下貴賓廳

地點：台北市寧波東街一號(捷運中正紀念堂3號口) 電02-2396-9611 傳02-2396-9026

詩題：「漂流木」或自擬題目，不限。

建議：大作請影印二十份屆時分享同好。為慶三月詩会二十周年慶出版專輯同仁作品請務必撥冗與会參加，共襄盛舉。 輪值召集人：童佑華敬啟 一〇〇、十二、十九、

PS、如因事不克赴会同仁請電賜知，至謝。(02)8218-1781

元月詩題

(一) 漂流木。

(二) 自擬題目，不限。

漂流木三部曲 外一首 二〇一一·十二·十三/十四～二〇一二·一·五/六/七於台北牧心寓室 蔡信昌作

(一)、你原是在荒山曠野
無人聞問的孤女棄兒
狂風暴雨猛烈急衝而下
你是誰 你是誰蒼天啊
橫掃山崩土石屋舍
湧向低窪狠堆疊難陳
觸目驚心悲傷悽涼無限

☆ ☆ ☆

(二)、我原是在荒山曠野
無人聞問的枯樹殘枝
閃電雷雨暴風轟擊不斷
我是誰 我是誰蒼天啊
瞬間所經儘數摧毀
散亂纏繞得腐朽並存
慘敗裸露任人挑三揀四

☆ ☆ ☆

(三)、他原是在荒山曠野
面無展現百態千姿
有人出售救窮填飽腸肚
他是誰 他是誰蒼天啊
璞石慧眼精挑細選
化龍點睛漂流木幻化
自然天成躍露藝術奇葩

城市一隅 二〇一一·十二·六～二〇一二·一·六 蔡信昌作

我和她常聞咖啡
結緣在柏林多國學育
我倆喝茶聊上英文
談那尼泊爾性工作舞女
為識題赴加德滿都
獨自探訪上酒吧会好友
費心精研以解心迷
性別異題漂浮咖啡壺上
香遠已見談笑品茗
同享溢滿情色鮮活奇妙
映窗街景人群增彩
城市一隅噹噹駛過電車

三月詩會餐敘雅集二〇二〇年七月三日(六)11:30～15:00於台北市
真北平餐館二樓貴賓廳 電2396-9611 傳2396-9026 寧波
東街一号(捷運中正紀念堂二号出口)
召集人：潘 皓 敬啟 六月二十日

詩題：
「夢境小品」四首

耳邊鶯鶯燕燕
張開眼
成群美女
圍繞嘻笑著
搜尋著 沒了
疑思間
一陣雲煙 化了

☆ ☆ ☆

騰空千山飛越
忽停格
諸城仙樂
韻語來詩言
獨飲著 唱
尋思間
一陣風吹 化了

二〇二〇年七月二日於台北牧心書室 [illegible]信 島作

佳餚美食滿桌
享用時
香醇欲醉
杯吟談笑間
搜尋著 沒了
伊人啊
一陣酒氣 飛了

☆ ☆ ☆

登頂凌雲壯志
一時間
風靡世界
談笑吟清風
迴尋著 沒了
詩人啊
一陣狂雨 花了

三月詩會 十二月三日(六) 11:30~15:00

蔡信昌作

詩題：

金錢（四首之三）二〇二一.十二.三 蔡信昌作

我認真的找妳，在人生的旅途之中
如一隻小蜘蛛，在風中不停的織網
我認真的找妳，在通往想望的方向
我認真的找妳，在忽左忽右交困中
如一隻小蜘蛛，我在眾多色彩中尋找妳

☆ ☆ ☆

在微風的光影之中，我找到了妳
在廣大的樹林之中，橙黃色的妳
在人來人往的市中，我找到了妳
在燈明不滅的窗前，我找到了妳
我在眾多的臉孔中尋找，橙黃色的妳

註：我自己覺得「金錢」之三、之四兩首比較好。
敬請諸位三月詩友指正 信昌敬白。

詩題：

金錢（四首之四）二〇二一.十二.三 蔡信昌作

我在日夜找你，在連串的故事之中
如一隻小蜜蜂，在花中不停的忙碌
我日夜的找你，在通往夢想的旅程
我日夜的找你，在忽明忽暗變幻中
如一隻小蜜蜂，我在繁多花海中尋找你

☆ ☆ ☆

在花朵的光影之中，我找到了你
在廣大的花園之中，橙黃色的你
在川流不息的市中，我找到了你
在通宵月夜的窗前，我找到了你
我在繁多花臉中尋找，橙黃色的你

三月詩會聚餐雅集：時間十月一日(六) 11:30～15:30 真北平餐廳
地點：北市10093寧波西街一號，捷運中正紀念堂3號出口 電話23969611 傳23969026
召集人：潘皓(麥穗) 9/22 11:15 手稿 （二十一屆席廳）
目前剛剛從大陸回來，未及以信函通知，故以電話邀約(10/30 11:30見)請勿在外等候。

十月詩題 「飲水思源」

飲水思源 兩首

之一： 二〇一一.九.二三午夜初稿廿九夜修稿信心

飲一口清泉 細思入心清氣爽
直衝腦門全身舒暢
彷如擁抱佳人神飛意揚
看心湖漣漪魂遊太虛

☆ ☆ ☆

嚥一瓢清泉 緬懷開通作嫁者 思源
立從人脈穿梭淙淙明
彷如擁著美人飛奔馳騁
同赴交融的無邊快境

☆ ☆ ☆

飲一口清泉 緬懷入處源頭
清甜可以潤澤靈魂
彷如美夢中佳人依偎同眠
香氣得賞心花怒放

飲水思源 二〇一一.九.廿八夜夜讀稿改編信口作

之二：

遠方近處青山綠水長流不絕
乞蒼穹護佑身體健康顛沛流離
那綠山脈蜿蜒情思訴說前世
山川隨處是樂園
每吋土地皆有古之水
憶起先人辛勞的歲月
而今處處可尋訪先人踐足
人啊人 何日覺醒
莫讓下一代啊，無親之河

諸位三月詩會詩友們大家好：

本信因為我老 文林兄之去世(麋雅周刀三事)，適逢同仁大學假期返鄉之時，又因手術後，將住院一周不能參加，特此待病況再說。離情依依，假如得成我詩神往此刻，打針止痛而已……。遂決定此次不加了。以上狀況，大約身體康復愉快。

二〇一一.九.廿九午後 麥穗 信口敬上

三月詩會餐敘雅集 2010.4.12.(四) 11:30～13:00 台北真北平餐廳二樓

地點：寧波東街一號

詩題：未來（個人、國家或人類未來均可）（計印18份）

附註：不克出席請先以電話：0922822990

輪值：雪飛 敬邀 99.11.29.

詩題：兩首

「未來」

二〇一〇、十二月三日～四日於台北微心亭 蔡信昌作

慾望像剝洋蔥一層一層的
越來越小越白越嫩越醇
身体像剝年輪一圈一圈的
越來越大越密越細越弱
心靈像蓋樓房一層一層的
越來越高越看越廣越遠
出生哺育茁壯到成熟婚配
延續生命循環生生不息
未來還是依此規律周而復始
此非破壞自然環境平衡

「未來的國家」

未來的國家與國家座有其名
人民可以隨時交流往來通婚
語言可以透過速譯對話溝通
文化藝術可以經由電腦傳達
商務貿易視迅傳真立即確定

★ ★ ★

未來的國家與國家互不侵犯疆界分明
人民崇尚互相尊重彼此傳統
語言習俗崇尚互相喜愛欣賞
文化藝術交流頻繁激蕩影響
商業交易財務明確貨暢流通

★ ★ ★

未來的國家與國家不分你的我的
人民互信互愛互利不興戰爭
語言文化藝術融合品味提昇
豐衣足食盡善盡美人人享受生命
國家與國家崇尚樂善好施天下太平

三月詩會雅集手稿發表 二〇一〇年九月四日(六) 11:30～15:00 台北[illegible]

主持人：[illegible]

九月詩題：「西風」、二月詩會題（[illegible]）

附註：如有不克出席者，請[illegible] 07-8407-1822 手機 0928-216-627

本月輪值：[illegible] 8.15

「西風」一首

西風啊西風

因為 南風吹老了[illegible]送人的夢

因為 北風揚起[illegible]送人的花瓣

因為 東風翻起[illegible]的[illegible]

西風啊西風

你 吹散沈積已久的情愁

你 吹開深埋的遺留的記憶

你 觸動乾涸枯萎的熱情

西風啊西風

因為 升起的是另一層樓

因為 旅途中遠的歌聲不絕

因為 [illegible]的前程生涯

西風啊西風

輕撫[illegible]

無論高山小溪[illegible]

願以情以[illegible]到永遠永遠

二〇一〇年三月詩會[illegible] 作

「山河戀」一首

我喜歡登山 [illegible]

[illegible]

[illegible]

[illegible]

[illegible]

三月詩會餐敘雅集 兩千又十二年六月二日(六) 11:00報到 12:00開始 真北平餐廳

地點：台北市寧波東街一號 電02-2396-9611 傳02-2396-9026 捷運中正紀念堂3號口 二樓 貴賓廳

詩旨：湖口街 說明：湖口街位於菸酒公賣局旁，原有少數來台難民寄居於靠近愛國東路這個區塊上，以做小生意餬口，故曾有人戲稱「餬口街」。李登輝執政後，在該處建玉山官邸，但無門牌。所以現在街只有一個門牌「湖口街一号」，即國貿局。毫無疑問，那兩個單位和我們的餬口生涯有關。不過，我們曾是四小龍之首，只是如今掉了車尾而已。因此，我們可以和湖口街對對話，聊之天。附記：貴賓廳已訂妥不再另函或另電通知，但請屆時光臨，並攜帶作品影本17份備用(本会現有同仁共17位)。

召集人：謝輝煌

六月聚会召集人 謝輝煌 敬啓 (五月廿六日(六)會議)

(十三時論詩)

六月詩題：

「湖口街演化」

在五、六十年前一些難民聚集
賣些小吃餬口寄居於此
小巷生意因陋就簡無奇不有
彷如碰見古時民族部落
生活方式千奇百怪令人驚呀

☆ ☆ ☆

在二十四年前搖身一變
一為島國官邸一為國貿局
解嚴小臺林立大鳴大放
生龍活虎榮登四小龍之首
紛擾事進一退二看藍綠

☆ ☆ ☆

在眼前物價浮動油電双漲
朝令夕改府院干擱衆叛親離
餬口艱難升斗小民苦哈哈
彷若夢中跌入動亂流離失所
人人增税大富識不到百姓哀

2012 6.1～6.2修 蔡信昌作

二〇一二年六月一日至二日正午於台北教心宮 蔡信昌作

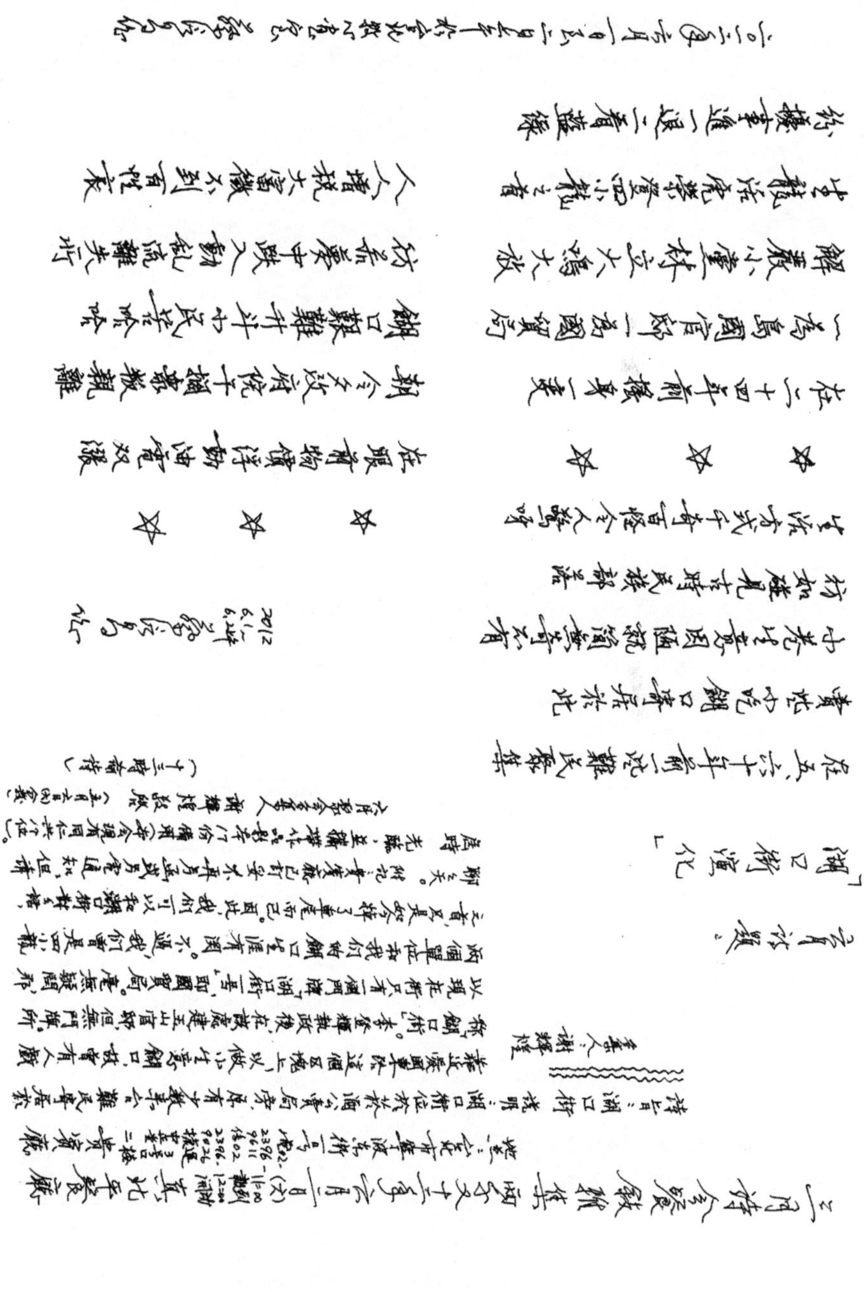

三月詩会餐敘雅集二〇一二年七月七日(六)11:30入座 12:00餐聚 13:30談詩 真北平餐廳

北市寧波東街一号捷運中正紀念堂3号出口

詩題「戰爭」

前題：本月雅聚適逢七七抗戰紀念日，故詩題定「戰爭」。請影印十七份，供同仁參閱。
因際福成同仁擬出版同仁手稿集，希請大家用手寫稿，請配合。
下次「八月份」雅聚由関雲同仁輪值，請準備。
如欲克參加請電召集人。電(02)2661-1704 手机0936-867962
七月份雅聚當值召集人 麥穗 敬啟

它使人流離失所
甚至命喪家破人亡
因信仰主義而戰
為邊界點燃戰火
因强奪資源宣戰
為好大喜功爭戰不休

＊　＊　＊

它使人間變成煉獄
淒慘悲涼痛不欲生
以盲目信仰犧牲幸福
用無益爭端斷送和平
以貪得無厭濫殺生靈
用建功虛榮塗炭萬民

＊　＊　＊

它泯滅人性至極
激起可歌可泣史詩
它摧毀所有成果
激起心手相連重建
它破壞世上仁心
激起共創和樂太平

二〇一二年七月二日〜四日 麥穗 作
於台北牧心書室

註：每當七月即想起七七事變之種種戰亂而離家破人亡慘不忍睹……但望此後世界和平共榮同享太平 二〇一二年七月四日於台北牧心寓所 麥穗 作并記

海峽兩岸中秋詩歌聯誼暨三月詩會創立20年紀念會

三月詩會二十年紀念會與海峽兩岸中秋詩歌聯誼

地點：台北錦華大飯店2樓 新生北路2段28號 電(02)2522-1100

主辦單位：中國詩歌藝術學會、三月詩會、台北市中庸實踐學会

宗旨：欣逢中秋佳節，為三月詩會創立20周年，特別邀請大陸詩論家、詩人蒞臨台北，偕同中國詩歌藝術學會全体會員、三月詩會同仁、台北市中庸實踐學会員聯合舉辦海峽兩岸中秋詩歌聯誼暨三月詩會創立20周年紀念会，以弘揚詩教，倡導詩歌創作和欣賞活動，共同联歡。（約100名參加）

時間：101年10月3日(三)14:00至21:00 林靜助 理事長

召集人三月麥穗 代表 敬邀 郭正棋 理事長

三月詩會 十月

詩題：「秋」

「秋思」（向陳樹菊女史小販致敬）二〇一二年十月三日 蔡信昌 作

陳年老樹長着小小的菊花
輝煌的金色彩繪大地
你無法相信她是真的存在
她艱苦的生活在每一天
每一刻不忘窮人給與溫暖
你無法相信她拖着身子天未明趕車
她笑臉迎接苦難的日子
每一分錢不浪費全都捐了
你無法相信小小的菊花撼動世界
她安份的接受命運的安排
每一分力不忘扶弱濟貧
慈悲的金色覆蓋大地
陳年老樹長著不朽的菊花

二〇一二年十月三日於台北牧心齋定 蔡信昌作並書

三月詩会

九月詩題：(一)雲 (二)自由選題

召集人：丁穎

詩題：(一)「雲」外一首

二〇二二、九、一〇 蔡信昌作

我與世　無爭漫遊天際
同青天白日喚起人氣爽心清

☆　☆　☆

我生氣　滿天灰墨
閃電隆隆雷雨交加頹生澤國

☆　☆　☆

我常載　夢遊上天下地
周遊列國無奇不有歡樂悲傷

☆　☆　☆

我任性　無常變幻
喜怒哀樂隨興轉換佞人奈何

☆　☆　☆

我縱情　聲色夢生醉死
永生飄泊到處留情無法安居

(二)「旅日訪師有感」

與恩師惜別十三載
相見如故得很樂開懷
互視健影依舊神情奕奕
把酒談衷言歡訴別情
輕歌漫舞翻酒一杯又一杯
興高采烈舞影幻妙無對手
為師風情瀟灑不減當年
美女如雲爭留嬌姿仙影
舉目坐臥美女裸身媚態萬千
祈盼相見早　臨別依依

註一、二〇二二年第38屆台灣五月存美術交流展和日本第50回全展紀念在東京都美術館展出(8/1~8/30)、21日13點我國駐日副代表、我與日方十餘名貴賓共同剪綵開幕儀式熱鬧非凡：我組團參與盛會：特此告知
諸詩友前輩
弟 信昌 敬上

註二、沈師哲哉1926生於台南、年輕時曾在北港中學任教，有幸受其啟蒙鼓勵，始有今日之信昌。沈師專研裸女人像獨創技法風迷畫界藝壇，近年被許為世界級名畫家、東方肉位之一。
學生 蔡信昌 敬白 九月一日 於敬心賞室

三月詩会 二十週年 三月采風 二〇一三十一三重抄 蔡信昌作

春到人间

春到人间
像暗長的黑夜 一道曙光
微亮一分一 擴展
黎明終將到来

春到人间
像久旱大地 巧適逢甘霖
萬物欣榮 間享滋潤
願景千里重生

春到人间
像心儀的情人 初允受邀
怦怦心頭 滿懷喜悅
湧動浪漫情思

春到人间
像後母面 天候忽冷忽熱
是你萬物之靈 搞炸
節能減碳 可解

三月詩會二十週年 三月采風

二〇一三年十一月二十日重抄 蔡信昌作

福島大震的反思～禁核、速建綠能永續發展

天崩地裂大地震芮氏九級
撕碎東北福島核災震驚世界
大海嘯瞬間吞噬數萬居民房舍
來不及開口即滅頂消失無蹤

日本三一一大劫慘甚二戰原子彈
核污飄散全球滲入海中食物鏈
殘忍畫面驚駭世人紛紛反核廢核
各國趕赴救災滿目瘡痍天地同悲

全球網路電腦探討核電存廢
萬年巨毒藏破科技勝天神話
核災慘重拆穿科學控制謊言
揚棄核電速建綠能永續經營

巨大天災人禍霎時毀滅生靈數萬
亡者震醒世人廢核着造安全能源
讓我們虔誠祈求上蒼庇佑災區
早日脫離苦難重建和樂家園

後記：二〇一一年今日美術交流展第廿七屆，本人當年接任會長，日本三一一大震，本人捐六百美元賑災。

三月詩會 二十週年 三月采風

時間（之一）

醉卧星空悠遊億萬年
細數凡間更異興衰史
人們早歸晚渡忙生計
沙漏如梭日月滴
日換星移終未知
如夢人生霎時過
青春一覺悲白髮
人人何需常憂憂

二〇一三年十月三日重抄 蔡信昌作

時間（之二）

太空望遠數億宇宙星球
宏大偉構一數幾億光象
顯微微觀細菌分子電子
奇妙精微分秒細分不盡
飛航神速一日萬里
蝸牛瓜棚漫遊終日
天與地何其廣大精妙
人和物何其美幻如真

三月詩會餐敘雅集二〇一二年十一月三日(六)1130~1500真北平餐廳二F貴賓廳

台北市寧波東街一號宅

中午十二時上菜 餐後品茗論詩

詩題：

①釣島風雲

請將尊作影印18份裁給出席詩友

②自由創作

預告12月份輪值由金筑朗誦茶邀客

11月輪值：徐世澤敬邀 101年10月20日

釣島風雲

石原張口野田購買、
釣魚台 焮(ㄒㄧㄣ)起多國怒吼(ㄏㄡˇ)
群起 激昂吶喊
反日浪潮遍佈全國
船艦齊發劍拔弩(ㄋㄨˇ)張
頓時腥風雪雨將臨
義憤添淵一觸即發
前戰殘殺慘重殷鑑不遠
各方冷靜處理紛爭
有利共享世界太平

二〇一二年十一月二十三日 台北狀心當 蔡信昌作

三月詩會 二十週年

玉山之歌

二〇〇六年台北牧心書屋 蔡信昌作

玉山啊 玉山
您的容顏像絕世美女
唯我獨尊！

玉山啊 玉山
您的舞姿曼妙飛揚輕盈
閃閃發光！

玉山啊 玉山
您是雄壯威武的巨人
東亞第一！

玉山啊 玉山
您的身軀層層翡翠鑽石
稀世珍寶！

玉山啊 玉山
您的慈愛像宇宙深廣
溫暖我心

註：二〇〇六年以重拾詩筆參加第廿六屆世界詩人大會之作品在蒙古國首都烏蘭巴托舉行。

三月詩会餐敘雅集 二〇一二年三月三日(六) 11:30 台北真北平餐廳二樓
北市寧波東街一号 電02-2396-9611 傳02-2396-9026 貴賓廳
詩歌研討会議：下午一点～三点半
本次創作題目：二十二世紀
請各位同仁事先將作品影印17張以便現場分發
敬請各位同仁準時出席，謝々！
輪值召集人 林靜助 敬上 100.2.17 發文

詩題：『二十二世紀』

二十二世紀上網臉書E来E去
訊息瞬间傳達回復果捷
富可敵國席闹不夜貧民無食無衣
花天酒地忘了身在何世
☆ ☆ ☆
餓食悪事記哦遙遠的衣索比亜
處處骨瘦如柴的人挖啃樹根充飢
欲哭無淚眼睜々望着貧瘠空無
天旋地轉忘了身在何世
☆ ☆ ☆
悪食餓事記哦遠在天边近在眼前
嘴喊減肥百事應酬很多衣食無着啊
猛塞車陣污染大地窮人寸步難行
眾人啊皆醉到底苦了誰
☆ ☆ ☆
二十二世紀哦重現宇宙大爆炸影像
幾億光年事蹟逐漸倒帶解迷
移居星球幻想一遊太空不是夢
管他身在何處一醉解千愁

二〇一二.三.二～三日上午 蔡信昌作於台北牧心畫室

註：弟最近在故鄉雲林主辦「中37屆台日美術交流展」暨「雲林縣藝術家邀請展」2012.2.4～2.28 再延至3.16止，歡迎諸位大哥大姐撥空參觀指教！
弟 蔡信昌敬邀

詩題：(一)、

「孤獨寂寞」

你想的　人不知
你愛的　人不理
你說的　人不懂
滿腔　孤独寂寞

☆　☆　☆

妳不想的　眾人皆要
妳不說的　眾人皆談
妳不愛的　眾人皆有
滿懷　寂寞孤獨

☆　☆　☆

你不要的　她都要
妳要的　他都無
你　妳都合不攏
永遠　孤独寂寞

詩題：(二)

「家鄉臨危」 [illegible]、十、廿、[illegible] 北投心靈居 蔡信昌作

〈建國光石化 V.S. 白海豚游踪〉

賄賂權力　無窮的貪念
是對抗的夢魘和劫難
胡作非為　利益泯滅良知
你的大愛　他們完全不理

☆　☆　☆

若成　巨大污染源
會帶來永世滅絕不復
所以　我們要誓死一搏
為了這　日夜思念的家鄉

☆　☆　☆

如果　這禍害驅逐了
但在另外地方建廠
會不会　再有一群人賭命阻止
極救　他們深愛的故鄉大地

文林手稿詩

天倫

—文林—

天兵天將
聽眾仙眾神
天帝
管眾仙眾神
自盤古開天地以來
一直井然有序

分配不均
兄弟打官司
要錢
兒子殺父親
不服氣
學生打老師

天有天倫
人
不也有人倫嗎.

打仗有理

—文林—

出兵
為了通商
就有了鴉片戰爭
出兵
為了傳教
就有了英法聯軍
出兵
為了保僑
就有了八國聯軍
出兵
為了趕出中國
就有了八年抗戰
我們也想出兵
保釣
保南沙
打嗎

錢

—文林—

打仗
第一是錢
第二是錢
第三還是錢
拿翁說的
於是
關餉
為土匪
開防捐
為外患
再開特別捐
為賠款
大家都想問
錢在哪裡.

戰爭與和平

—文林—

戰爭是為了和平
古今中外的名言
如今
有了新詞
反恐與人權。

忽然間
恐佈分子多了
人權問題多了
於是
戰爭也多了。

關雲手稿詩

什麼跟什麼嘛 . 関雲

出自士 大夫的口

請 勿 聽 辯

古人 情才 溢詩情 便養 顏 有術

末卜 就會 沉澱不好的 陰霾的那面鏡子

日日 月月 年年 總該大 掃除

清末霍去病 名不符合命根基深

早儲存飽滿的精神 糧庫

不氣不病 不病不氣

般 若 皆 空

不老的秘密

閔雲

曾經 那一位拾貝殼的姑娘
跣足海灘

※

且觀「日出」「夕陽」的戲碼
那時 不感覺生活裡的甘苦

※

休管地球何日走回滅絕
休管家庭戰爭何時終止
每日簡單地 認真地
綻開致愛生命的全貌

這不對的青筋　關雲

夜夜自你窗前
聲聲嘆息
後現代的詩
急破了腦袋
聽不清夜夜炸乾的難題
風雖不再出聲擾我倦疲身心
天將破曉 仍不是塊料的主題
最後在中國一定強
獨樂時 崩盤瓦解
唱衰並投降.

NO.

Date.

時近三月

周雲

無风的城市裡

隱喻　你是藍色的天使

時已三月

空城揚起了微笑的风

×××

我原是旅人

流亡於森林和海

的邊界　卻失去可以悲傷

的勇氣　因為孤獨

小詩五首 關雲

※
生命是一朵
出污泥而不染的蓮花

※
父母的至愛
好比山的高大雄偉變得溫柔
子女們從低處攀爬

※
來不及醒
天就這麼地亮了

※
我像不知名的小花一樣
閑心開出
這麼多五彩繽紛的顏色
贈周遭致愛的親友們

※
生命要抬起頭來和諧共處
往前才會克服萬難

周慶

九月九的酒

喚起記憶中的童謠
教孩子們偉大的詩
我以一種驕傲的眼神
在体質極端虛弱的時候
我的孤獨是一杯醇酒

主題「族群大融合」

二〇〇〇、二、三

腦風咖

關雲

現今的族群愈來愈不尋常了
如常七根相濡以沫的七根絃
如常A、B、C、D、E、F咖

戲 始終是沉重加諸笑裡藏刀也看得出來
聚 紅花綠葉臉紅脖子粗
宴 閑起門來 各說各話 雞蛋挑大石頭
像頑皮的孩子在玩拿石頭砸鎮暴者
學 扔 還是 還在不爽

註：「腦風」閩南語的說話，解釋為打腫臉充胖子、吹牛吹破了。

「咖」新人類之語，可解釋為族群、團體之意。

雨

閔雲

庭院的日日春
迎風並肩低語著
且張嘴淺啜
幾滴葉片留下的小雨點
我 猜
它們在群芳爭艷的庭院周邊
還算自謙吧
它們選擇靜觀微風款擺的舞姿
邊觀賞邊舉杯對雨哩

雲最知道　　關　雲

天的邏輯裏沒有綠
仰首蒼穹　不是灰便是藍
時而和風徐來
空氣裏有清朗
使人們不時呼吸到爭平等和自由的聲音
當雨勢喧嘩
人們不平的咆哮著
愛國的情操沒有遞減
經過　天空蔚藍　一片晴空
　後　光明遠景　反敗為勝

月光碎了

周雲 101年 2/9

詩啊．一路风塵撲面裡
一臉風霜裡有妳．
長夜漫漫裡有妳
請妳扶持著我肉体將枯的黃昏
我一息尚存也隨時 扶持著妳的夕陽
別操煩那一盞灯才是我羈旅
窗前張望的燈喔

花蓮

關雲

雲層翻湧　引我飛向
浩渺的太平洋
順風時張一面帆
把五千年的日出日落　淡化
遼闊的編繹，生命的極處
我認準的選擇和方向
眼中的景色　醉人的
依舊是
一幅很祥和的水墨畫
山水美景
海鷗和歸舟
在在皆　有我溫柔溫柔地依偎

〈台客提供〉

台客手稿詩

雲

——七夕情人節兼致吾妻

台客

晴天時，妳是溫柔的
像家家多的綿团，堆積
在浩瀚的藍天上
自在遊走、舒捲
充滿祥和的氣息

雨天時，妳是暴烈的
陰沉沉的臉孔
配合著閃电、打雷
排山倒海傾盆的氣勢
真令人不寒而慄

而我最喜欢的
是一位和妳同名的女孩
年輕時我熱烈追求
如今老了依然離不開她
她呀！是我今生的最愛

(二〇一三年八月廿日二稿)

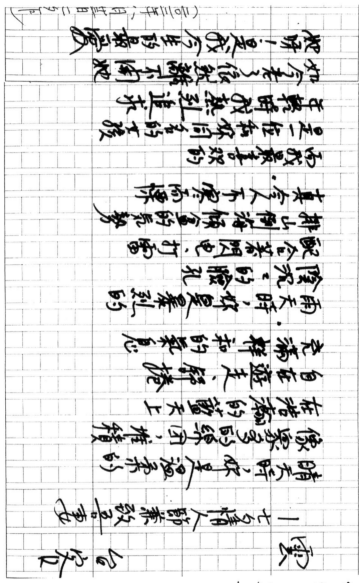

感時三章

台客

・三一九

兩顆子彈
一道傷痕
從此，歷史喊痛
　人民痛喊

・真相

一株幼苗
被層層壓
終有一日
定会破土而出

・騙徒

騙得过全世界
騙不了自己的良心
午夜，那人夢迴
頻頻向上帝告解

（三一九兩週年作）

詩

多少年了
尋尋覓覓
茫茫人海中
最衷情的依然是妳

喜悅時和我同歡唱
悲哀時和我同哭泣
妳慰藉了我的靈魂
讓生命更顯出意義

喔，美麗的情人
讓我再次為妳歌唱
我像一隻痴情的小鳥
永遠圍繞在妳身旁

甲戌年夏 台客 題

戰爭

台客

只要有人類社会
就会有战爭
大至國家与國家
小至个人与个人

二

战爭的結果
没有任何贏家
双方損傷慘重
甚至付出生命的代價

三

因為野心与貪婪
战爭的火種永不熄滅
歷史上战爭血跡斑斑
但人類却一直在複製

四

战爭造成多々家庭破碎
战爭造成多々骨肉流離
多々離鄉背景的战士夜々哭泣
多々无定河边的枯骨无人收埋

二〇二二年六月廿日

陳福成手稿詩

悪水上的大橋

明明才搭好的橋
兩岸人車 在
藍天白雲下
川流不息

怎麼一夜間又塌了
天空大地黑漆漆，陰黝黝
只見叫罵声在悪水上浮浮沈沈
而悪水上的大橋

陳福成
三月詩会習作
二〇〇九．十．三．中秋節

早已被敵人和內間炸毀
不斷進行着建橋、搭橋與斷橋的惡性
輪迴
是這裡衆生的宿命
When you weary ....

盆景

坐观紫虛
采曖八方精粹
去蕪雜存真心
~~設想~~不是不想到大叢林中爭天下
無奈
熱不起來
只好自我建構一座
冷清
唯美
小世界

相約二十二世紀、鳳姐

陳福成

走在這條燦爛的路上
她突然無預警的被告知
這裡就是盡頭了
她默默承担、靜靜的接受
不抱感傷帶給任何人

就要通过炙熱的「蟲洞」之際
她憶起這不長也不短的人生
六十七年
活的快樂
过的精彩
算是完成了人生的春秋大業

如今要再度啟程
穿梭進入另一个世界
不帶行李 也沒有行頭
為與世之輕便
火葬場的高溫有助於淬煉
使靈魂昇華

把那層層空殼脫掉
放下了一切
連心愛的一頂頂帽子也放下
只帶走一个心願
來不及唱的歌 未办的演唱會
都在來世獻給你

雖然一切以簡約為原則
還是要打扮的美美的
這是身為一个成功藝人的責任和体貼
如同做一个節目那樣用心細心
美容師用一种特別的化粧品
掩飾住病容的荒涼

孩子別哭了
讓媽媽完成人生最後的修練
我靜靜來 悄悄的去
為不破壞了親友和粉絲的過年歡樂氣氛
但媽媽不論如何去世！在那个世界
精神必與你同在
那火燒的熱甚越熱了
沒關係

燒的只是那具已經告別的軀殼
那具軀殼和我搭檔了一輩子
真的是最佳拍檔
現在也要放下

火勢已甚快要燒盡
當一切都成了灰花
便是鳳姐的昇華
是鳳姐的轉世成功
妳將開始準備另一場盛大的演唱会
就在二十二世紀一開始
我会預訂門票 到場聆聽天后的歌声

小註：在全台灣、全中國、全世界，尚無任一藝人走了，我為她寫下"有感覺"的長詩。鳳飛飛是唯一，因為她是我敬重的藝人，這首詩可另名：
設想鳳飛飛的告別式

二〇一二年三月三日三月詩会

慢活—秋水行吟

二〇二三年春
三月詩会
陳福成

泱泱明淨秋水之湄
潺潺水聲　幻夢囈語
映影，熠熠清涼的秋光
秋光中有春天的氣息
明晃晃
水的樂音　蜿蜒逶麗
悠悠情境中密說心事
隱逸在叢林的邊陲愛戀謬司

四季吹着香甜的風
斷斷續續有些雨聲
風不爭風　雨不鬥嘴
詩人行吟　歌者論情
都與找心靈共鳴
幽幽瀅瀅
風似歌　雨如弦　皆如詩
徐徐沁入每位行者的心海

秋水詩屋小憩 抬望眼
遠方無盡蒼茫 不可說
近處山間古道 可寫意
附近商販用吆喝暢說歲月
歲月流淌
不知不覺
任風雨山水如何奔流
我秋是在秋水之畔
閒提吟彈

小記：近几个月，兩次到秋水的"天空詩屋"閒聊，唱歌，那種感覺，正是慢活。
另："三月詩会廿年紀念別集"一書稿已在一个多月前寄彭先生。

漂流木

多少漂流木
把歷史承載着漂流

不久前有200萬漂流木
漂到太平洋東岸
為大帝國完成了國家基礎建設

如今又有多少漂流木
在神州大地
漂々々 流々々
漂成黃河大浪潮
流成長江巨波涛
滲進八方不好搞

啊！神之州
如何叫如林的漂木不再流浪

2012.1.7.
三月詩会
陳福成

三月詩會20年的期待

陳福成

莫使歷史儘成灰燼
必將那燼灰再熬煉
成仙一丹

莫使人生精氣神儘退役
必將那隱逸之椽筆
再麾一灑

莫使青春喚不回
必將那已逝的良宵
再喚一回

好說那「三月情懷」、「茶情詩意」、
「端陽詩情」
再青春一次
再站上舞台的正中央

二〇一一年四月三十日三月詩会習作（五月份）

小註：計畫2012年元月，再推出一本「三月詩會20年紀念集」，這次以書寫三月詩会各位大哥大姊的「春秋大業」為主，以提供給我的資料，再整理成一篇有系統的文章。自己的豐功大業總是不好自己說，我來幫大家說。有資料（含照片等）要給我，請六月聚會帶來，照片要浮貼白紙，註明人事時地。若明年「三月詩会詩林大会」真的開的成，我這兩本可送與会每人一本。

小黑要平反

陳福成
2009.9.5

三月詩會作

小黑提出嚴重的抗議
當年為甚麼把我當成「第十二類補給品」(註)
還排在「八三一」後面
客氣時叫我黑鬼
心情不好就叫走狗、瘋狗、老狗或看門狗

我再次提出抗議，要求平反
我才是智者
當夜黑風高的晚上，只有我知道
敵人和同志的腳步聲不同
水鬼、酒鬼和賭鬼体味有異
人是靠不住的
斥候這行業我是專家

沒有了我
反共長城可能早垮了
「圍堵政策」成敗難料

今日未必有大三通

我再次代表全体族類要求平反

給我們應有的歷史地位

註　民67～69年，在馬祖高登當砲兵連長，當時指揮官規定所有据点

養狗數量為兵力的兩倍，即班据点10人，養狗20隻，一半值勤用，

一半當副食補充，故通稱狗為「第十二類補給品」。

又當時馬防部司令官為鼓舞離島官兵士氣，規定「八三一」

每一二個月上島「慰勞官兵一次，故每當有八三一來時，電

話記錄通報班排均稱「第十一類補給品」於某日某時到

某日某時補給本島。

在那冷戰時代，我前後駐防金馬五次，回想那些犧牲

的狗和上島補給的八三一女士們，深感彼等也為反共大業，

做出偉大的貢獻。〈台客前舊稿重修〉

五台山塔院寺轉大法輪

陳福成

光陰把我們
打的
像一個陀螺
昏頭轉向
向何方

一陣風吹我們到五台山
轉動生命的法輪
盪漾着歲月的彩霞
瀲灧的光影中
看見自己輪迴轉世而來

終究在那裡？
繁華落盡的明天
誰看得見自己的容顏
可如珠圓玉潤的轉動
此刻，你是否已明心見性

二〇一一年秋遊五台山偶感
十月一日 三月詩会習作

天倫三部曲

陳福成

I、天倫的形成

天倫說
之所以有天倫要感謝兩個人
乾柴和烈火
嘿休 一下
火開始燃燒 一發不可收拾
熾烈情火燎原
光彩爛漫一切空間和時間
燒劉出一批父母子女兄弟姊妹

火勢代代傳承
氏族、家族、 民族是不滅的火
修煉……
祖宗八代、 上到萬代老祖
代代孫裔、永不滅熄的天倫之火
故天倫說、要感謝的
只有乾柴和烈火

乙、天倫的崩盤

用血建構
萬年不倒的碉堡
現在
一一快速崩坍

一首好詩，不但要有所表現，而且要表現得好。表現得好，是指技巧字句的完美。
文曉村

丙、挽救天倫：種子的期待

許多種子
在第二十八重天等待
等待一個好因緣來投胎
等春天好時節推開一扇有愛的窗
等待幸福陽光可以沐浴種子生長
滑過陰暗的通道分享人間的愛
等待　　種子們一直在等待

人間土壤產生了重大質變
說陰陽碰撞總有一傷
不如各自獨立　相安無事
說讓種子出土成長要消耗太多資源
又說何必搬石頭炸腳
有的說陰陽相剋

不如陰搞陰陽配陽
較易於性相近 習相合
我行我素 我是王道

送子觀音手抱著可愛的娃娃
找不到人家可以投胎
春天只是久盼的期待
生命仍在第二十八重天孕育著
眾神束手無策
玉帝頒旨：奉天承運 玉帝召曰
那位神仙有無尚法力
能打敗人間「不婚不生」歪風
叫目前孕育在天庭花園苗圃的種子
都到人間投生長大
加官三級 再送豪宅一棟

二〇二二年八月四日三月詩會雅聚、詩題
天倫。面对目前不婚不生的台灣社
有所感。陳福成、台北、七月底

人，戰爭

陳福成

我這個人，酷愛戰爭
當砲聲拖沉悶的空間
劃成朵朵浪花
多像一幅美麗的西畫
那聲音
如聽杜比音響

我這個人，總在精神失常或
心情不佳時
發動戰爭
讓一座座城池跳舞
讓一個個兵將吶喊
地雷埋壓太久也會抱怨
讓大家發洩吧

我這個人，無所不在
在惠州，在武昌，在成都
在珍珠港，在諾曼第、廣島．．．
叫許多人完成了自我實現

死的，死的其所，獲得名聲
活的，活的驕傲，升官發財
有我在的地方，就有
輝煌

我這個人，主宰著歷史
從遊牧到農業到工業到後現代
所有的未來
我的足跡串成歷史的方向
從未失誤，亦非妄言
啊！我是超人更是超神
但大多時候，我精神失常
又心情不好
戰爭是我的娛樂
我的治療
使我正常度日

二○一三年七月七日三月詩會
詩題「戰爭」：陳福成

蝶戀花．戲蔡英文　　陳福成

七月七日三月詩會習作

蔡英文越看越菜
頭腦不清，活棋成死路
十字路口何處去，收拾烟攤賣菜好

回首台北三月春
綠林來瘋，一個肖查某
群花驚荒哭一糰，賣菜阿嫂默無語

這個想法实在菜
蔡當台大，請妳幫幫忙
想自己那塊料，看来只有賣菜好

二〇一二年六月聞蔡英文想当台大校長有感

◎真善美

「七七」的進化

陳福成

淒厲的槍聲
把中華民族驚醒
那悲慘的歌
在子民心中傳唱
百年千年萬年
未來這淒厲的槍聲
也要在倭國響起
叫那些鬼 也醒一醒

二〇一二年七月七日三月詩会習作
警所有中國人勿忘國恥。

酷暑

妳的火辣叫人受不了
日夜躲不開妳的熱情

無關緣分
妳就是酷、酷、酷
讓人都脫、脫、脫

二〇〇九年七月四日「三月詩會」習作

陳福成

三月詩

孝親，在流浪

陳福成

孝親很老了
活的很累、很苦、很沒有尊嚴
而且很重
是許多人心中的石頭
都深恐掉下來砸到腳
孝親只好成為流浪漢
沒人要
獨自躺在無人要的街角
等死
撿取人家丟過來的同情充飢

為何要去街角流浪
因為孝親已不住於家
為何等死
因已半死不活
想活，這世界誰要接納
想死，一息尚存
期待有好心的給他最後一刀
解脫
啊，孝親，你所處的世界
是何樣的世界

孝親現在成了孤魂野鬼
在陽界，沒有依住的家園
而陰界，尚未取得入境簽證
游走於陰陽兩界間的灰色地帶
前進無門　回頭無岸
苦海無边　阿彌陀佛

小記：現在的台灣社會，子女為家產整死了老父母，或老父、老母被子女遺棄，乃至活活餓死的，天天都有，新聞報導兩回後，再也無人提起。中國文化曾經高舉「以孝治天下」大旗，但現代「孝親」、「孝養」觀念如此的「淡」定了。（二○一二年九月一日，三月詩會，詩題「雲」或自由發揮。萬盛草堂主人陳福成有感於最近一些聽聞。）

秋之2012

陳福成

三月詩會二〇一二年十月習作

主題：秋

陽光凝結成霜
每個老美
都把一道道门當午门
每個市場像菜口市
石頭下都藏著恐怖份子

而
十五億的伊斯蘭朋友們
醒了
沒有恐懼的季節
風声亦不寒
向十億個魔鬼
挑战

武士刀闪著蕭索的光
倭人瑟縮的身子
又夢想著一統東亞的快感
一不小心
武士刀在自己肚子上開了大洞

現在的中華兒女
連睡覺都是醒的
一波波口水淹沒扶桑之島
一双双行脚踏平倭寇之窩
誓言五十年內重建扶桑者

小記：二〇一三之秋淹漫成秋之二〇一二，乃至二〇一三……
廿一世紀的中國人必面臨一場神聖之戰，消滅倭人，並收服倭國（今之日本）成為中國的一省，即「扶桑省」。打傳統戰太慢，變數太多，我主張以五顆核武，一舉在兩小時內消滅五分之四倭人，快速收為我國一省，亞洲從此永久太平。我向所有中國人警示，這是無法避免的一戰，我的背景是軍事戰略、戰史，我從歷史洞見未來；我也寫詩，這是詩，是聖戰之詩。（陳福成 草於二〇一三年中秋節前，台北公館蟾蜍山萬盛草堂）

補記：雖然要犧牲掉很多倭人（約一億以上），但相較數百年來倭人对全亞洲的傷害，及用傳統戰的死傷，還是便宜，核武值得用。

釣魚台

都說是釣魚台問題
釣魚台那有問題
日夜守護著祖國東南戰略要域

有問題的是古今以來
住在神州大地上
廣大的沒種的子民

再不硬起來
遲早又割讓了台灣
連北京人家也要拿去

2012 11 三月詩會習作
陳福成

附帶報告：

一、《三月詩會詩人手稿詩》一書，收件到十一月十五日。

二、新成員入會，吳元俊，筆名俊歌，作品見葡刊、藝文論壇等。民國44年9月14生於阿里山，台大主任教官退伍。

表決通過，十二月請他來，102年元月他當班。

表決結果：全体通過，11月3日。

挽救許多釣魚台

東洋倭寇到我們家門口
搶走了我們的孩子
許多倭寇紛紛上門了

五百年來 東洋鬼子
以搶食我們無數子民
為謀生之道

一定要消滅倭寇
用五顆原子彈妝為扶桑省
可保亞洲永久和平

否則、否則
台灣、海南、朝鮮、神州大地
遲早都是倭寇的釣魚台

一〇三年十一月三日・陳福成

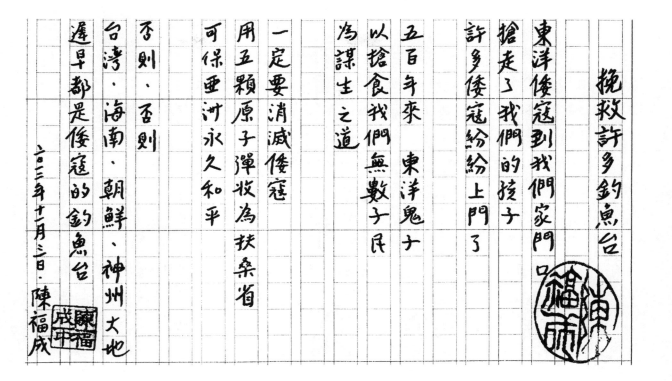

△ 猫

三月诗会2012之11習作 陳福成

詭異的眼
深綠 淺綠
在黑暗中
找路 叫春
我們是一群流流流
流浪了四百年
不干心
小小老猫

△ 蒼蠅

就是在上面盤旋
有机会就吃
永遠趕不走

△ 鳥

這裡的鳥個個不安
放飛、溜鳥或在籠子裡
都感到不安全

《三月诗会20年紀念別集》定於四、五月出版，各诗刊正在流行"手稿诗"。本書計畫以一章保存三月诗会诗人手稿。若各位大哥大姊方便，三月聚会一併交在下，謝！

★據聞：这次有北一女高才生来当贵宾。欢迎.

四季風

爛漫歡情肆意　頃刻
潋灧的歌声驚醒沈睡的仙子
滿山遍野競艷的欲望
都爭先綻放　情愫泛溢
策動人人解放

是誰点燃燎原的心火
把人烘的腦部缺氧
都說脫了脫了吧
只有樹下獨立的鷄
有一点思考判斷力

悲涼意圖浸淫愉悅風光
沈甸甸的天空鎮壓大地
伊人以熱情
薰染整片山林又漫溢蒼穹
成熾紅的愛

東北季風按時掀起江湖浪潮
冰清玉潔固守傳統门風
雪白彰顯一種堅貞
等待
一個即將來臨的彩色季節

2010年4月3日「三月詩会」習作
陳福成

蝶戀花‧陳水扁的心事

六尺牢房靠牆站，悶氣輕嘆，白花花銀子‧誰把好事搞泡湯，吳淑珍或馬英九‧滿眼老淚花落絮‧回想當年，一時下錯棋‧無論如何來不及‧殘生難了地獄去‧

蝶戀花‧吳淑珍的心事

困坐輪椅淚汪汪，身疲心傷，不想與人說‧海角七億是零頭，還有更多我不愁‧老娘灑淚為阿扁，苦牢難熬，苦命何時了‧乾脆早些到黃泉，下輩子重幹一票‧

小記：文林出的詩題「枝上柳綿吹又少」，引蘇東坡「蝶戀花」詞句，去年六月我還用蝶戀花戲寫蔡英文‧這回換口味寫陳水扁和吳淑珍，吾所作非嚴謹之詞品，不過遊戲吟諷之笑話‧（陳福成 二〇一三年二月二日「三月詩會」習作‧元月底作於台北公館萬盛草堂）

蝶戀花・蔡英文的心事

花殘柳敗年歲老，大位飛了，市場賣身好。四周人兒日漸少，天涯何處可行腳。覚內覚外到處找，打探行情，台大校長好。好是好被人恥笑，都是毒草惹煩惱。

小記：古今文人多少人在寫「蝶戀花」，詩人文林最愛蘇東坡名品，「花褪殘紅青杏小，燕子飛時，綠水人家繞。枝上柳棉吹又少，天涯何處無芳草。牆裡秋千牆外道，牆外行人，牆裡佳人笑。笑漸不聞聲漸悄，多情卻被無情惱。」詩詞都有很多解釋，乃至各人有自己的詮釋，包含蘇東坡這首詞，原非情詩（詞），後人常拿來談情說愛用。我拿來別有用途，不久前聞獨派小英要台大校長，引來很多笑話，我才用蝶戀化戲她諷她。（三月詩會習作，二〇一三年元月底於台北公館蟾蜍山萬盛草堂 陳福成）

一首好詩，不但要有所表現，而且要表現得好。有所表現，是指內容；表現得好，是指技巧方法的完美。
文曉村

蝶戀花·馬英九你番癲

馬夫掌舵軟趴趴，八方臭罵，裡外不是人
．悶鍋胡整硬繃繃，難到團隊死光光．孝
生打拚積老本，你今番癲，中了敵人計．
被野党拎著鼻走，武功盡殺自己人．

小記：馬英九愈來愈古怪，愈來愈番癲，愈來
愈向十二生肖末端沈落，愈來愈聽在野
党的話，而不聽他老爸的話，獨派要他
斬啥就斬啥，敵人叫他揮刀殺了自家人
，他把愛他護他的人全殺了，我知今不
得不叫他「小番癲」．
他把老子退休金砍了大半，說士農工商
軍公教勞要平齊，難不成我們搞起了共
產主義．
奇啊！奇啊！大陸去了共產主義搞三民
主義，而我們反其道是去了三民主義搞
共產主義．（陳福成 台北公館蟾蜍山萬盛草堂
二〇一三年元月底 三月詩會習作）

一首好詩，不但要有所表現，
而且要表現得好。
有所表現，是指內容；
表現得好，是指技巧方法的完美。
文曉村

蝶恋花．哀中華民國

獨派心中想幹啥，為你送終，枯木開異花
．藍營扶不起阿斗．馬英九啊馬英九．老
馬鶴凌不干心．中華民國，中央淪邊陲．
成地方割據政權．大軍征來安寧好．

小記：馬英九幹了一些好事，也幹了不少壞事
．好事如大三通等，壞事如砍了公務人
員的退休金．但不論好事壞事，都是在
做終結中華民國的動作，這須要很有政
治智慧、政治專業、政治敏感度的人，
才看得出來，如我．
可憐啊！中華民國，你生養的子民背叛
了你，一九四九年又被掃地出門，如今
統獨兩派爭相要淹死你．若以你的死，
祭中國之再統一，這死，值得．

一首好詩，不但要有所表現，
而且要表現得好。
有所表現，是指內容，
表現得好，是指技巧方法的完美。
文曉村

蔡英文的嘆息

何時播的種
懷胎，已
三百多年了
到妳身上，仍
胎死腹中
唉，怎都生不出來
那可怕的胎毒！

小記：康熙元年(1662)，鄭成功卒於台灣。子經嗣立，康熙二十年(1681)又卒於台灣。奸臣殺長子克臧，擁次子克塽，塽開始標榜「台灣独立」；康熙二十二年(1683)施琅征台，克塽降，中國又回到統一局面。

一〇三年元月五日．三月詩會．陳福成 台北．

狼跋手稿詩

長相思

狼跋

鴻雁飛　鴻雁飛　飛越關山何日回？

月光映玉杯。

是相思　非相思　珠淚朦朧雪映梅，

何方尋翠岫？

二〇一一年五月十八日 仿宋詞

習作

湖（餬）口戲詩

狼跋

湖口　餬口
同樣有個口
同樣可收納吞吐
卻是不同的體
最後都跑到台灣的台北市
形成了　湖口街
掌握台灣人的
政經命脈

2012年六月二日三月詩會習作

天倫劫

狼跋

子女劫

爸爸媽媽　你們不是最愛我嗎？
為何燒炭跳海要帶著我？
你們是我親生父母嗎？
可不可以放過我？

父母劫

孩子　是你嗎？
當刀子刺進我身体時
眼前浮現你bb時的純真
為何變醜陋？　只因不給錢？
對你的溺愛　錯了嗎？

手足劫

從小一起到大的兄弟
只為家產　何苦動刀動槍？
老哥我雖已老
卻非因老病離世
而是　葬送你手

2012年8月4日
三月 時令 習作

到了，回歸但有一新國同胞樂了 [illegible]

回歸（詞）

是遙到同時候了
和你相會相識
在新開的
一片記憶的[illegible]
我[illegible]

二十年 望著她歸回
歡笑 懷念 哀傷 離別
無處留存好事 上眼
回國去歸 還情

向歸但到了
期待一生難忘已經
我心難去

縱使留存不離
總是在分享兩 邊重

注：近二十年來，事實上，這回歸但確到到國事，[illegible]
[illegible]同事[illegible]，好像新國[illegible]，我和
同事[illegible]之誰。[illegible]
[illegible]，事，來[illegible]的新國[illegible]。

2012年4月二十日[illegible]
[illegible]二十八日。

長城古今

狼跋

登長城　憶前朝
歷經千年　多戰
只為　抗胡禦敵
捍衛多少朝代
而今
　供後人遊玩　讚嘆　憑弔

思前人
征塵風沙漫漫
霜風勁　胡笳聲　黯惆悵
塞下秋來風景異　衡陽雁去無留意
四面邊聲連角起
千嶂裏　長煙落日孤城閉（註）
羌笛悠悠霜滿地

如今　漢胡一家
武器隨飛机　翱翔於天空
戰爭型式變換
長城已失屏障地位
孟姜女若知
　仍哭斷長城否？

註：「塞下秋來……孤城閉」詞句，引自范仲淹之「漁家傲」。

二〇一五年七月七日三月樓舍稿作

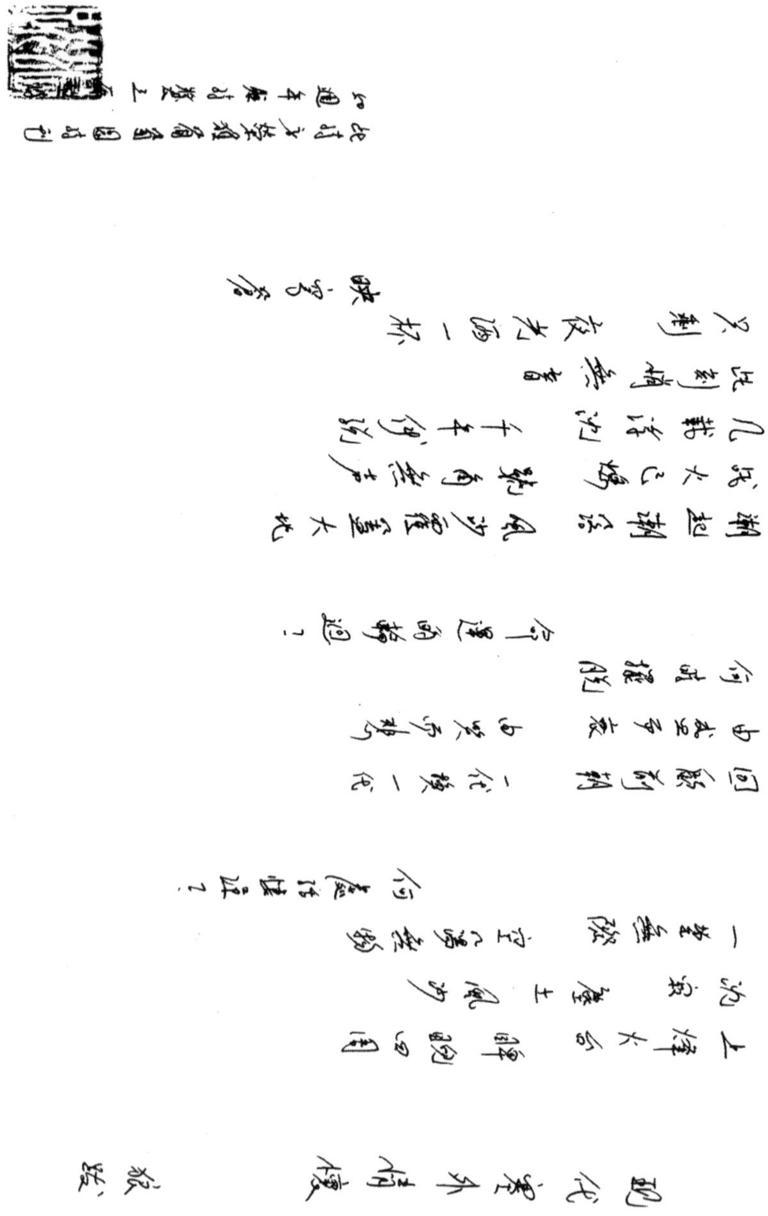

267 狼跋手稿詩

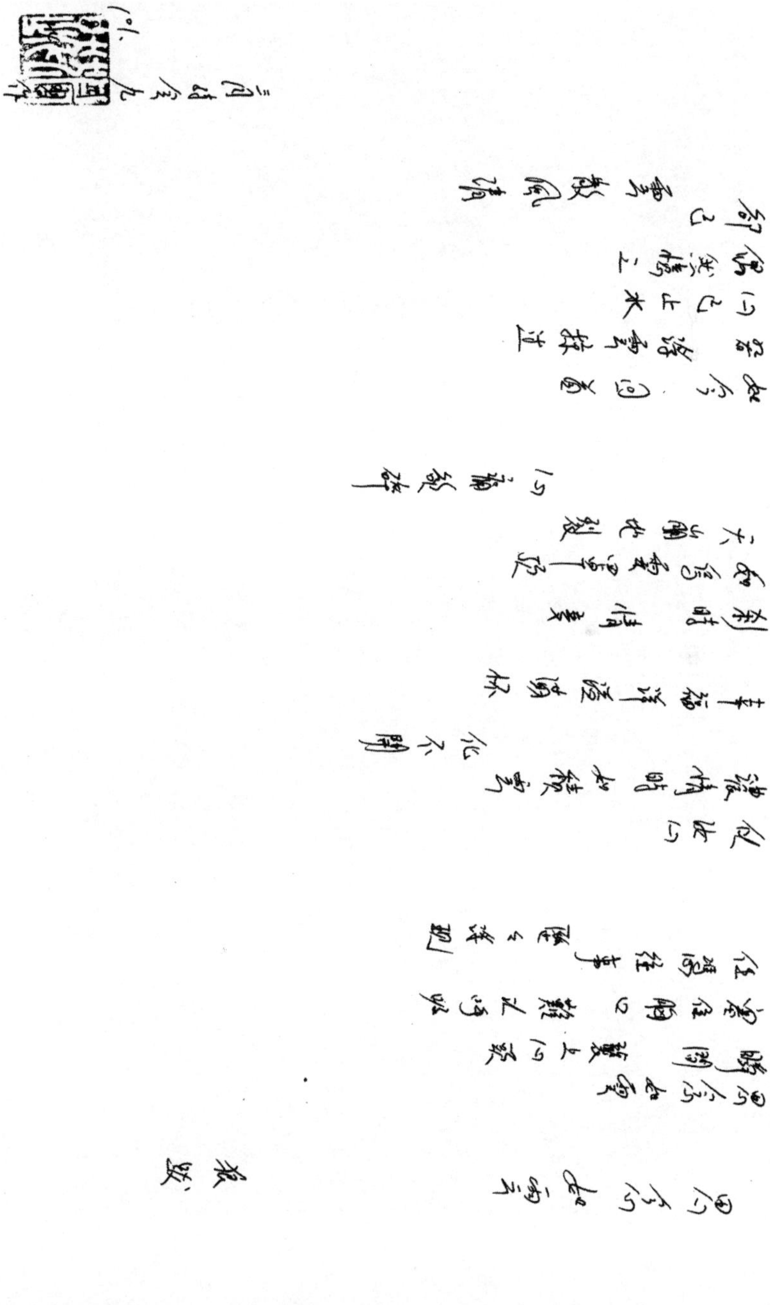

釣魚臺歸屬的原始文件

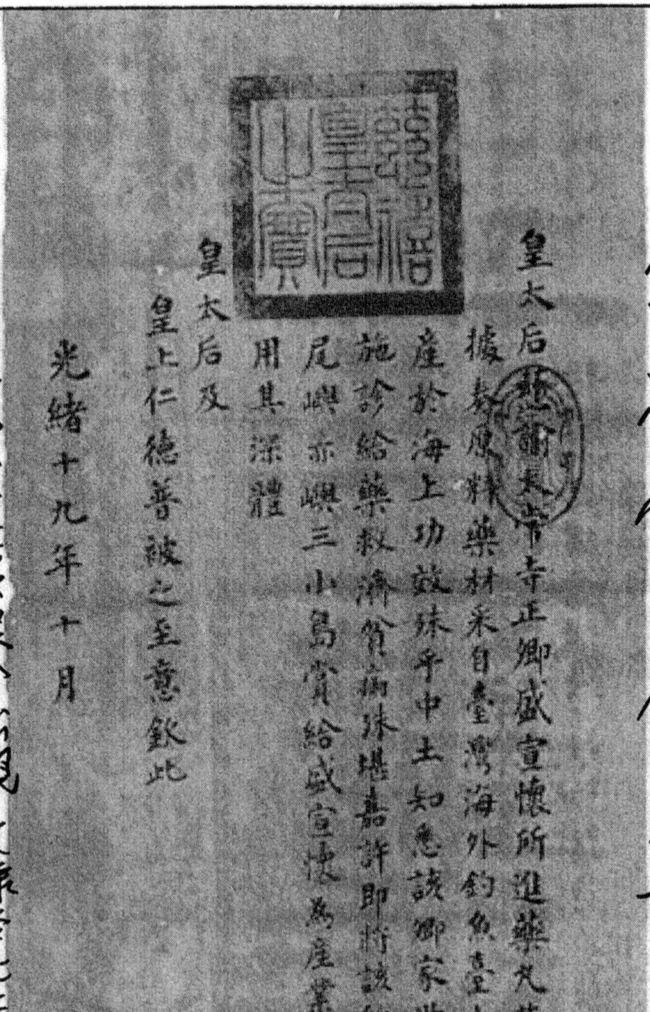
慈禧皇太后之寶

皇太后慈諭太常寺正卿盛宣懷所進藥丸甚有效驗
據奏原料藥材采自臺灣海外釣魚臺小島靈藥
產於海上功效殊乎中土知悉該卿家世設藥局
施診給藥救濟貧病殊堪嘉許即將該釣魚臺黃
尾嶼赤嶼三小島賞給盛宣懷為產業供采藥之
用其深體
皇太后及
皇上仁德普被之至意欽此

光緒十九年十月

本書編者說明：本件為本会某次聚会出現，收錄於此共賞。

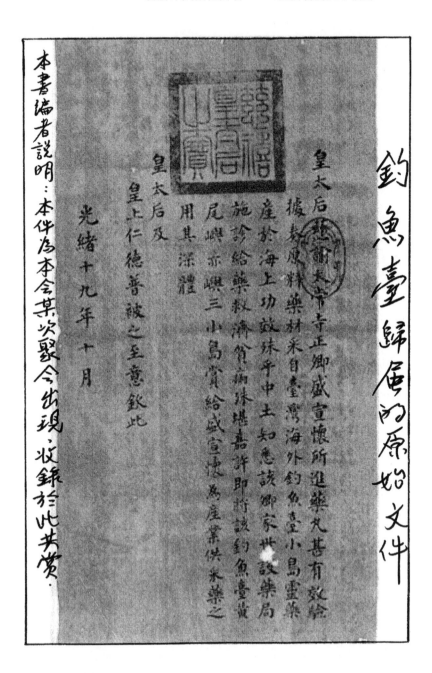

釣魚台風雲

狼跋

日本購之
中国派戰艦
台灣出漁民大隊
一股詭譎氣氛
　籠罩
太平洋上的一座
　無人島嶼

操盤手
　美国
　　冷眼旁观

這場
　釣魚台風雲——

青詩會十一月習作
101.10.24

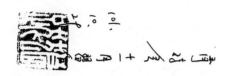

神話新說（七言新詩，無押韻及不管平仄格律）

狼跋

中秋佳節慶團圓
月餅文旦齊供奉
玉兔歡喜半空飛
人間笑將神話傳
嫦娥（注二）居住廣寒宮
冷對孤獨而寂寞
空中仍聞訴情衷
「悔恨辜負美人意
千年萬年情難忘
今日有幸仍相傳
仙子是否續前緣？

仙子急尋何肯人
是誰對吾尚有情。
清風拂面笑伊傻
純陽(注二)化雲來戲弄
月娘嬌羞送懷抱
兩人雙雙下凡去
轟轟烈烈戲人間
譜出犀利夫妻情

注：
一、詩中嫦娥、仙子、月娘皆爲同一人。
二、純陽即爲八仙之一的呂洞賓。

三月詩會十月習作
101.10.24

咖啡與我　　傅予

傅予手稿詩

當酒不能醉我
茶也不能打開我的話匣子
只有一杯咖啡陪伴我，在窗邊
做了一晌兒沉默的對話

（2012.07.15手稿）

陽元石

傅予

上帝用自己的形象創造了亞當
創造了神奇的「天下第一石」
夏娃在你身上找到了自己
從此，妳中有我，我中有妳
人類遂有了傳宗接代的一條根

註：該石二〇一二、〇六、十七日攝于韶關丹霞山

廣東韶關丹霞山陽元石（傅予提供）

陰元石

傅予

上帝用亞當身上的一根肋骨創造了妳
創造了神奇的「天下第一洞」
亞當在妳洞中找到了自己
從此，陰陽合成一體
歷代的帝王和子民莫不在而誕生

註：該石二〇一二、六、十七攝于韶關丹霞山

附記：二〇一二、六、十六日筆者與台客兄
蒙邀參加廣東韶關「五月
詩社」卅週年創社大慶，會
後參觀丹霞山此二大奇石
返台賦詩二首，以誌留念！

廣東韶關丹霞山陰元石（傅予提供）

世紀三帖

希望在這百鳥之中
會有一隻小鳥
能飛越過
您心靈的禁地
而到達
閣下詩的國土
恭賀
新年快樂
歲歲平安
事事如意
傅予鞠躬
于21世紀
第一道曙光下

青年日報　中華民國九十年一月一日

飛揚的廿一世紀

●傅予

沒有源頭也沒有盡頭的時間的河流
悄悄地滑過多苦難的二十世紀的尾巴
地球上的子民
不禁在晨曦的投射下
而起立
而擁抱
而歡呼的聲中，而
迎接廿一世紀的第一道曙光

如同種籽在大地上
而起立
如同生命在子宮裡
而擁抱
如同春雷在原野上
而歡呼
如同海鷗在藍天下
而飛翔
也如同我從二十世紀飛越廿一世紀
而綣著歲月
而綣著人生
而綣著廿一世紀的第一首詩
在一張沒有格子的稿紙上
而飛揚

青年日報〉
青年　20世紀最後一日(2000.12.31)星期日

告別二〇〇〇年

●傅予

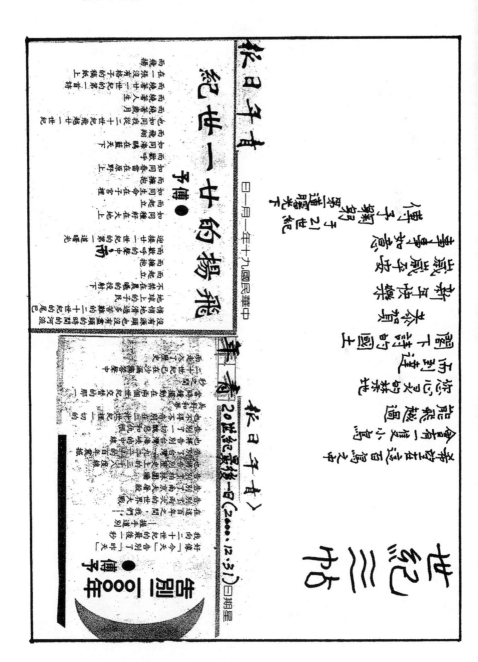

好像「今天」告別了「昨天」
我向二十世紀的最後一秒
——握手道別
在這百年之間，我們！
告別了兩次的世界大戰
告別了南京大屠殺
告別了柏林圍牆
也將告別歷史上的三十八度線
告別了台灣一九二一的百年震撼
也將告別台灣海峽的中線
告別了一切醜惡和仇恨
也不得不告別在二十世紀裡一切的
美好和夢
當時鐘擺動在兩個世紀交替的那一
秒之間
二十世紀已在沙漏滴答聲中
而走入了歷史

葡萄園半個世紀的園丁

傅予

—獻給「葡萄園」詩刊50週年大慶—

五十年前的今天
有人在葡萄園中開墾了
而我不是園丁，卻在
期待着我那顆青澀的葡萄
何時成熟

五十年後的今天
我在繆斯的引導下
做了半個世紀的園丁
在那千百萬顆果果的葡萄園裡
我終于有了一顆遲來的果實

（二〇一二、〇六、28）

俊歌手稿詩

相對情緣

俊歌

壬辰年初冬

她常叫他—笨蛋
他總是說—妳聰明
久了
終於明白
聰明—老是嫁給笨蛋
笨蛋—經常娶到聰明
笨蛋與聰明
相對有緣
互補不足
到底
誰是聰明

作者簡介

俊歌：本名吳元俊，出生於阿里山。歷經軍旅二十九年，年近花甲，現為台大退休人員，也是無職榮民、志工。

曾登頂台灣玉山、雪山、山東泰山、沙巴神山、雲霄將軍山。也曾去過……很多地方，讀過很多學校，參與過許多社團，經歷過一些職務，交過不少的朋友。

今生還有三願：

一願隨緣濟世助人最樂。二願遊山玩水，知足常樂。三願品嘗美食，自得其樂。與您同樂，與眾分享。

旅夢

俊歌

旅行—夢想的開始
放下萬緣
出發
雲遊四海，浪跡天涯
我去了，到了
果真，百聞不如一見
看到、聽到、也感覺到
美景良辰
融入其中．情感交流
滿載而歸
回來了
現實一切如常
你問我去那兒？
似乎依稀的在夢中
好像忘了
只覺得很樂

2012/12/12

馬拉松詩會

101.12.1.三月詩會習作

俊歌

遠遊歸來
為了這場盛宴
考驗人生
是否
年華未老，夢想仍在
在路上
許多的身影
飛揚的超越，也被超越
看到綿延傳承的
希望向未來
你會老，我也曾經年青
每場馬拉松、詩會
不計快慢
不比前後
不評好壞
能參與
就是幸福

首度40天的海外雲遊，浪跡海川，遠行歸來，為了參加今日的台大校園馬拉松及三月詩會。有感而發，感恩最緣。運動充滿活力，詩會增添情趣。祝願老友新知：平安、健康、快樂、幸福。

晉豫黃河情

緣聚
情真意摯
珍惜

話別
意猶未盡
期待

懷念
天涯海角
祝福

黃河
萬古晴空
長流

你我
一朝風月
情深

俊歌
2011.
9.
21.

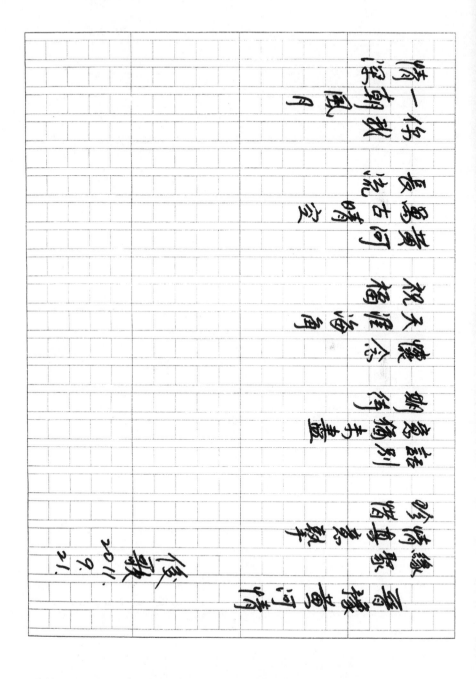

空有

枝上柳綿吹又少
人生歲月常蹉跎
一覺悟醒
多少 虛實 得失
空 空 空

懷思

煙雨平生幾多情
朦朧青春年少
轉眼鬚華增長
恰似柳綿吹又少
來日揮灑夕陽紅
舊情綿綿
芳蹤何處
念 念 念

采言手稿詩

黑白天鵝

采言

（觀電影"黑天鵝"有感）

迷失靈魂的天鵝 白天，穿著純潔
無暇的羽衣 曼妙輕盈如天使
黑夜，披上神秘炫麗的黑色舞
衣 媚惑眾生如妖姬

白天、黑夜　黑夜、白天　無窮的
慾望　貪心且不足
天使與妖姬　妖姬或天使　糾纏再
糾纏　爭鬥　~~再~~又爭鬥
遺失靈魂的天鵝　渾然不知暗夜
或白晝　最後，只留下一堆迷樣
的絨毛　隨風而逝

書於二〇一一年十二月
三日　台北

那夜，我們一起吟詩

采言

你說，福州的山高水長
我說，台灣的人才濟濟
那夜，我們一起吟詩
詩中有濃濃的鄉愁
詩中有濃濃的醉意

在悠揚的樂聲裏
忽而激昂
激昂中詠出生命的火花
忽而惆悵
惆悵處慨歎人生的渺小

那夜，我們一起吟詩
醉後相約
後會有期

二〇一一年十一月十日追記福建行

千島一嘆

采言

（七言新詩）

千山萬水千島成
地貌人文湖底埋
曲徑隧道開通日
欲窺原貌或可期

書於二〇一二年十一月十日

驚見水晶蘭

采言

（註：水晶蘭非蘭科，為一腐生性植物）

全體通透、如夢似幻，
腐朽枯枝中，
丰姿綽約的小精靈。
裙裾搖擺、似蘭非蘭，
混亂世道中，
冰清玉潔的解語花。
引出驚詫，惹來讚賞，
轉眼間、香消玉殞，
落塵土。

書於二〇一一年十一月廿一日

此生命還長的一首詩

采言

何時方能成就
千古傳唱的 那首詩
這是我的心願
也是我的夢想

它必須 有真情
它必須 有畫意
無須 美麗的詞藻
更無須 過多的修飾

用人生 去揮灑
以愛心 來灌溉
耕一畝 良善美田
傳承至 千秋萬世

書於2012、12、8 台北

茶花女之夢

采言

現实的無情　大筆一揮　爲上改觀
無法实現的夢想　在戲劇裏終
得到　永世的滿足

私生子的抑鬱　愛上遊戲人間的
交際花　以爲從此　上了天堂
自由　奔放　快樂　無窮

何時　金錢交換的愛情
經得起現實的考驗　終究是讓
擁抱的歡樂　所背叛
身已空　心未死　造就出這一部
千古傳唱的　茶花女

（二〇一二年十二月初稿
二〇一三年十二月修正）

變與不變

柔言

變的是悔教夫婿覓封侯　不變的是
衣帶漸寬終不悔
變的是　兩岸猿聲啼不住　不變的
是滾滾長江東逝水
變與不變的是　千里江陵一日还
鄉音無改鬢毛衰
永遠不變的是　假作真時真亦
假　無為有處有还無

書於二〇一二年十二月

啊！澎湖

采言

啊！澎湖　浪襲捲　烈陽底下的
島嶼　一波又一波　千年萬年
的憤怨与哀愁　激盪出
熾熱的熔岩流
噴發復噴發　冷却再冷却
岩石拔天而起　壯觀如神柱
倒卧似　階梯
這是通往　天堂的　另一條捷
徑　還是潛入　海底龍宮的
秘密幽道

二〇一二年七月書於
台北藝牙軒

附件：

一、台客提供前三月詩會詩人手稿。

二、麥穗提供三月诗會各時期詩人詩稿。

三、麥穗提供三月诗會重要文獻。

四、陳福成提供两岸各大学给三月詩會贈書謝函。

附件一：台客提供前三月詩會詩人手稿

出門

邱平

又一列定時班車隆隆駛過
老想到什麼地方去・尋回、失落的什麼
不是那整件行李還沒打包收拾，不是
換洗衣褲、宴會西裝、小小的心事還沒有
裝入皮箱；不是那……
備份眼鏡、懷錶、拍紙簿、沒裝進上衣口袋
不是那支書寫流利的鋼筆還沒將墨水貯滿
不是護照、運通卡、外幣零錢、沒貼身放好
不是那班機的座位還沒再去電確認
不是不是——老想着某種必需尚未備妥

不是那鱗傷的大地還沒再植皮整容
不是那腹瀉的河川還沒有發炎腫脹
不是黑金沒氾濫海島、不是牛鬼沒高踞殿堂
不是青春沒售向賓館，不是美貌沒陪坐酒廊
不是良家沒乘上專送、不是幼齒沒受虐烟花
不是高潮沒湧出街道、不是慾望沒討明價碼
不是新新沒造化人類，不是他命沒交給安非
不是牛郎沒騷擾午夜，不是尊嚴沒銷往市場
不是不是——老想到什麼地方去
又一列班車隆隆駛過

一九九六、四、二、於台北。

〈台客提供〉

（台客提供）

年話

汪洋萍

狗夾着尾巴溜走
猪豎起耳朵過來
我拉住狗的尾巴
撫摸猪的耳朵
忙得不亦樂乎

狗伴我度過
平安的歲月
並小有收獲
對猪我也不苛求
必竟猪狗都是家畜

我是龍的傳人
希望神龍值年
將兩岸塑造成
民主自由均富的
新中國
展現龍族的風采

鄰居的那位姑娘

（台客提供）

鄰居的那位姑娘
柳眉、杏眼
瓊鼻、櫻嘴
呀！好美一張臉蛋

鄰居的那位姑娘
有一頭烏黑黑的長髮
膚白、高挑
啊！是玫瑰的化身

嫻靜、端莊
矜持遠如天邊的寒星
於是，夜夜
我乃成那望星的少年

我不是頑石

林蔡祖

您為我歌唱
我為您點頭
草木
在風中
為您跳舞
流水
在澗底
為您伴奏
山以我為骨
雪以我為根
我曾騎在
喜馬拉雅山上
隨山運動
与雪人之遊
飲沆瀣於太古
辞後
轉入人间
飽嘗冷暖

黃石公
是我的表哥
浣花石
是我的表妹
您是我的詩友
請填一闋
相見歡
歡迎
遠方飛來石
他是我的表弟
中秋
約我們
一齊登月
作星際文化之流

一九九八年八月
寫於台北

（台客提供）

老橋與我

王珀儀

〈台客提供〉

小溪潺潺
細緻且明媚
碧水老橋上
站着孤獨 憑弔的我

橋的鋼索支撐着數十年的青春
吶喊着歸去田園
原來時光像奔流的巨川
不容我中年的回憶

巍峨壯觀的新大橋
似個精力充沛的壯漢
弔橋顯得老弱衰殘
碧亭青山蜿蜒
老橋啊
何處是你的歸宿

書

張朗

（台客提供）

最初，只當他
是很談得來的朋友
跟他促膝談心
常常日以繼夜

後來，有人說
他是神奇的美容師。
我不信、他也否認
能彌平皺紋　留住青春

我們還像從前一樣
天南地北往古來今
直到一天　不少人
驚豔我的詩篇
他才承認替心靈美容
替我美化了一顆詩心

布偶

文曉村

我被掛在這裡
掛在這百分之零點三的平方米
空無之中 不分四季
一直穿著一件僅能遮醜的
百納衣
我的雙腳
與下垂過膝的雙手等長
卻踏不到下面的土地
寬邊的帽沿遮住了視野
我看不見遠方的道路
分不清東南西北
縱然有嘴 且嘴角朝上
也唱不出心底的歌聲
窗外的風雨如吟如訴
為何不肯告訴我
我的母親是誰？

一九九六年十月廿一日

（台客提供）

距離的感覺

林紹梅

一串長長的思念
掛在天邊
當年父母在
我遠遊
遊子和父母的心
都在遠方

遠近的距離
看不到操縱的手
面向，近在咫尺
背向就在
遙不可及的遠方

兩者相距千萬里
兩者都在
一念之間

（台客提供）

雲之頌

洪洋萍

你無拘無束
無憂無慮
遨遊萬里長空
你千姿百態
萬種風情
美化了大自然
関愛着生灵萬物

你呈現朝霞暮靄
讓畫家描繪
你變幻白雲蒼狗
誘詩人抒情

如果任由我選擇
我願放棄
世间的一切
跟隨你
成為一片雲

（麥穗提供）

如果任由我選擇
我願放棄
世间的一切
跟隨你
成為一片雲

（麥穗提供）

附件二：麥穗提供三月詩會各時期詩人詩稿

遊之二　　宋后穎

那條寂寞的熱帶魚
日日、月月、年年
泅泳於同一水域
天涯咫尺，牢着
僅可容身的透明牢籠
每望着海天無際的遼闊
逐波濤、無忌地
穿梭於自由的天地
沒有待價而沽的品頭論足
沒有同類覬覦的攻訐排擠
只想順着自由的水域
遊出自我的天地。

台北市大直國民小學

（本詩稿麥穗提供）

靠岸

劉建化

（麥穗提供）

在那幻思不著邊際的空間
伸手不見五指的夜晚
天空陰霾著　無星無月
無丁點的亮光　沒有燈盞
我獨自沉思夢幻著
恍若駕起生命的小舟
漂泊於此茫茫地大海
在人生汪洋中落單
前途一片驚濤駭浪湧起
無垠無邊暗淡
而我從不畏懼失措
踟躕不前
依舊向著既定的方向駛去
要去尋覓美夢般地國度
理想中的港灣
祇求在那裡停泊靠岸

民國八十四年十一月二十八日於新店

〈詩稿由麥穗提供〉

夜來香

王碧儀

昨晚
見你羞顏含苞
今夜
你似一濃妝的少婦
聒噪出一首寂寞的歌
你將柔情刻意炫耀
為要將我的目光留住。
我不敢
討你輕狂
怕我拿得起放不下
我是喜新厭舊的
唯恐辜負你的芬芳。
上弦月亦含羞初放
訴說千里共嬋娟的故事
多情如我
像那粉蛾撲火
我怎捨得住啊！
那一院濃郁的
夜—來—香

1995.
8.
30.

白雲

劉菲

我將童年的夢託白雲
童年夢像白雲飄向遠方

我將青年的夢託白雲
青年夢像流水一去不返

我將中年的夢託白雲
中年夢像夕陽果燦爛

我將老年的夢託白雲
老年夢像湖邊柳
看見自己的倒影

（詩稿由麥穗提供）

一九九五、六、三、

1997 年 7 月 31 日，大海洋詩刊社組團訪問大陸，8 月 1 日，在武漢華中師範大學，與當地詩從學者舉行「海峽兩岸詩人學者座談會」，會後，部份學者詩人合影。圖左起：邱紫華教授、王常新副教授、黃濟華教授、朱學恕教授（大海洋詩刊發行人、訪問團團長）、張永健教授、王慶生校長、教授，王先霈教授、總編，劉菲先生（大海洋詩刊社長、訪問團副團長）、洪源（詩人、總編）、孫文憲教授、熊德彪教授。（1997.8.1 攝於華中師大會議廳）

圖片資料來源：世界論壇報，87 年 5 月 16 日，八版。

1997 年 8 月，台灣《大海洋》詩而社發行人朱學恕、社長劉菲，率團訪問大陸各高校，與湖北荊州師專師生舉行座談會後，與會全體人員與訪問團人員合影。（1997.8.4.攝於荊州師專校園）

牽牛花（麥穗提供）

張朗

妳奮力往上爬，我也想
妳已經爬到高高的樹頂
我還站在原地思索
該不該扭曲自己的脊樑

妳的身上開滿了好看的花
我的生命裡
也長滿了詩的小喇叭
妳的花不停地招展得意
我的詩不停地吹響
我的情緒

別人說，妳我有些相像
　　又完全不像
只有我自己明白：
　我總想學妳
　却越學越不像妳

如果

〈麥穗提供〉

邱平

如果他總是想著去流浪
送別他—像華麗揮手
遠去的雲朵

設若他有了純淨的自覺
攤平他—如面紙拭過
晨妝的春陽

要是他竟暗戀著波心的
投影……一再探究
那水中的停留有多久

這樣會使人感傷、流淚
沖掉他—像偶然沾上
眼角的一粒砂

一九九五、五、三十一、於台北。

橋

謝輝煌

獨文思考
該不該
變更註册商標
垂柳又一次東搖西擺
落花無語
江洪滔滔

江洪滔滔
落花無語
垂柳又一次東搖西擺
變更註册商標
該不該
獨文思考

〈麥穗提供〉
84、6、11

詩人

〈麥穗提供〉

文曉村

兩千多年來
中國人一直忘不掉屈原
那是我們的心口
也一直壓着那塊石頭

被尊為詩聖的
並非真的就是聖人
被譽為詩仙的
並非真的就是神仙
被稱為詩佛的
也不是真的佛陀
他們只是可愛的詩人

倒霉的李賀
和法國的波特萊爾
一個被叫做詩鬼
一個被寫成邪惡的象徵
他們不曾抗議

路

飛禽以天為路
背著太陽
啄一片彩霞
自由自在地飛著
飛倦了
回到樹林裏唱歌

走獸以山為路
或奔走，或嘯傲
頓起風雲
草木為之披靡
走倦了
回到洞穴裏休息

游魚以水為路
暢然輕擺尾鰭
戲長波
破巨浪
游倦了
沉潛水底作悠悠之夢

人生以心為路
心是路之發軔
攝古今於須臾
統六合於方寸
心靈所及之處
就是一條理想的大路

林恭祖

（麥穗提供）

林恭祖

中華詩詞學會成立二十周年賦賀三律就教
大雅君子

召公邀我乘風去　萬里晴空半日臨
對飲同斟文曲酒　聯吟共抱聖賢心
詩賡瑤韻歌天籟　筆點銀河譜玉音
歡聚一堂皆碩彥　青眸相看月華深

大雅沉淪數十年　於今重見散花天
皋夔繼述重華志　毛夏宏宣尼父篇
詩到三唐驚宇宙　詞經兩宋麗山川
誰知五四西風漸　不采珠璣獨慕羶

九州毓秀起葩風　到處弦歌兩岸同
時有古今天博大　詩無新舊韻靈通
興觀可使邦家樂　群怨能教禮樂崇
幸喜燕山諸老圃　廿年嫁接萬枝紅

丁亥仲夏既望　台北林恭祖敬賀

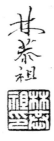

和氏璧

莫野

身若美人凝脂
懷納日月光華
你註定無緣安住崑山
做一方逍遙頑石
你不幸而遇愚蠢的和氏
硬要剝除你養晦的裝飾
換他千古聲名和一世財富

你，身價十五座城池
無奈碰到懦弱的主子
若非相如誓死相護
必定身陷秦都，難歸故土
相如因而無罪
你何辜？竟落得負罪千秋
你是否因此
厭倦宮廷的薄情
悄然，自烽火中隱遁
流亡雲山深處
永不復出

（麥穗提供）
84、8、4.

藍雲

〈麥穗提供〉

秋月

花，是春天的商標
月，是秋夜的驕傲
草木零落的季節
露寒霜重的中宵
有月為伴
天地便不寂寥

善解人意的月兒
曾隨青蓮居士碧山歸
一度還應邀相與花間飲
偕同那孤影共徘徊
有時打他窗前經過
瞰見詩仙竟也思鄉未睡

多少漂泊異鄉的遊子
多少因愛受傷的心靈
都曾對月寄懷
吐露了悱惻動人的心聲
而我只想問她：為何不見
我少年時的那輪月影

藍雲

〈麥穗提供〉

秋月

花，是春天的商標
月，是秋夜的驕傲
草木零落的季節
露寒霜重的中宵
有月為伴
天地便不寂寥

善解人意的月兒
曾隨青蓮居士碧山歸
一度還應邀相與花間飲
偕同那孤影共徘徊
有時打他窗前經過
瞰見詩仙竟也思鄉未睡

多少漂泊異鄉的遊子
多少因愛受傷的心靈
都曾對月寄懷
吐露了悱惻動人的心聲
而我只想問她：為何不見
我少年時的那輪月影

牛

林彧 〈麥穗提供〉

妻嘗自喻為一頭牛
她說男兒當自強
應該志在治國平天下
至於婦道人家
也該修身齊家吧
古有明訓

從春耕至秋
一晃卅載了
孩子已一個個長大成樹

是秋收的時候
所獲的乃秋霜
染白了妻兩鬢的無奈

附件三：麥穗提供三月詩會重要文獻

敬啟者：頃承

惠贈三月情懷，深紉厚意，除分別珍

影印

藏以供讀者參考外，特函申謝。

謹

致

三月詩會

花蓮縣立文化中心 敬啟

83年9月30日

三月詩會 先生勛鑒：承蒙

惠贈三月情懷乙冊冊，厚誼隆情，無任感荷。

除編目珍藏，供衆研閱外，特函申謝忱。並頌

大安

臺灣省立臺中圖書館館長 程良雄 敬啓

10月5日

83.10.27.收

麥穗兄：

八月詩會未克赴台，延誤了聚晤之約。近自深圳返京，收到兄寄來的「三月的情懷」集子，喜甚。印刷不錯，校本精良，在大陸是無此精緻的。

綠蒂兄寄來信，云：明年一月擬在台召開兩岸詩會，如果，我申請赴會，這樣會我們這裡是會抵達的。見綠蒂兄請代問候。不日，將有遼沈之行，待回京后，再給他寫信。

靜博、雪飛、向明請代致意。

多寫。即頌

一切安適！

張默、蕭蕭顧

燎原

九九四、十、十六

夜

文學報

三月詩會第一次會議紀錄

時間：民國八十二年三月十三日中午十二時

地點：中央圖書館餐廳

出席者：晶晶 謝輝煌 文曉村 藍雲 邱平 張朗

麥穗 劉菲 田湜 王幻 林紹梅

主席：林紹梅 紀錄：鍾人

甲、報告事項

一、主席報告：謝謝各位詩友在百忙中來參加這個會議。

召集本會的目的，是希望邀請幾位志同道合的寫詩朋友

定期餐聚，並每人繳交一首詩作，藉以互相觀摩切磋。

促進寫作興趣，及詩藝水準之提高。請各位詩友共襄盛舉

二、詩友發言（略）

乙、討論決議事項

一、本會定名為三月詩會。

二、本會不設會長，採輪值召集人制，每月由一位詩友担任召集人，負責聯絡及主持會議。（輪值表見附件）

三、聚會時間，定於每月第一個周末中午，地點由召集人選定通知各會友。聚會時同時繳交作品。

四、作品命題於聚會時由會友共同商定。第一次命題定為「三月」，由各會友就「三月」範圍內，自定題目，並自由發揮。

五、每次聚會、各會友均應準時出席，如因故不能參加、應事先向輪值召集人請假。

六、會友作品經由本會推介園地發表、或由本會編印單行本發行。

七、每次聚會所需費用、由出席會友平均分攤。

散會。

主席：林紹梅

紀錄：鯉人

敬啓者：　頃承

惠贈下列書刊，深感厚意，除登錄編目妥為珍藏以供參閱外，特此申謝。今後如有是類書刊出版，或有相關文獻資料，尚祈陸續惠贈，以光典藏為荷。

此致

三月詩會

新店市光明街１０２巷
7弄１６號４樓

淡江大學覺生紀念圖書館　敬啓

83 年 11 月 9 日

書　名	冊　數
三月情懷	1

文訊十年

1

三月詩會與新店

一九九三年三月的某一個下午，一群行將退休或已從職場退下來的資深詩人，在時居住在新店市青潭，從菸酒公賣局退休的詩人林紹梅邀約下，在中山南路中央圖書館（現改名為「國家圖書館」）餐廳雅聚小酌，暢飲潤談中產生了「三月詩會」。當時十一位創會同仁中有一半多是新店人，如王幻當時住三民路（現居住北宜路），晶晶住安康、劉菲住三民路、麥穗住光明街，文曉村服務安康國防部，以後陸續加入的也不乏新店人，如住中央路的一信、中央新村的王碧儀、安康的關雲、周煥武、許運超，中正路的童佑華，民權路的劉建化等，被同仁稱為新店幫。

因為創立於三月間，所以定名為「三月詩會」，詩會以詩會友，每月第一個周末為固定聚會日，由同仁輪流召集，並指定詩題範圍，與會者至少在此範圍內作詩一首，在聚會時吟誦供大家欣賞，並接受合評。聚會場地由召集人洽定。十五年來未曾中斷過。尤於同仁中新店人佔有一定份量，於是多次活動安排在新店舉行，如一九九三年十月，詩會由晶晶輪值，就在碧潭茶座舉行，面對碧山綠水吟詩談藝。一九九五年八月，武漢華中師大教授，詩評家王常新訪台，三月詩會同仁及新店地區詩友，在碧潭之碧亭接待交流。二〇〇〇年十月，北京名詩人中國詩歌學會秘書長張同吾訪台，本會同仁文曉村邀請其到碧潭與詩會部份同仁茶敘，談詩品茗。

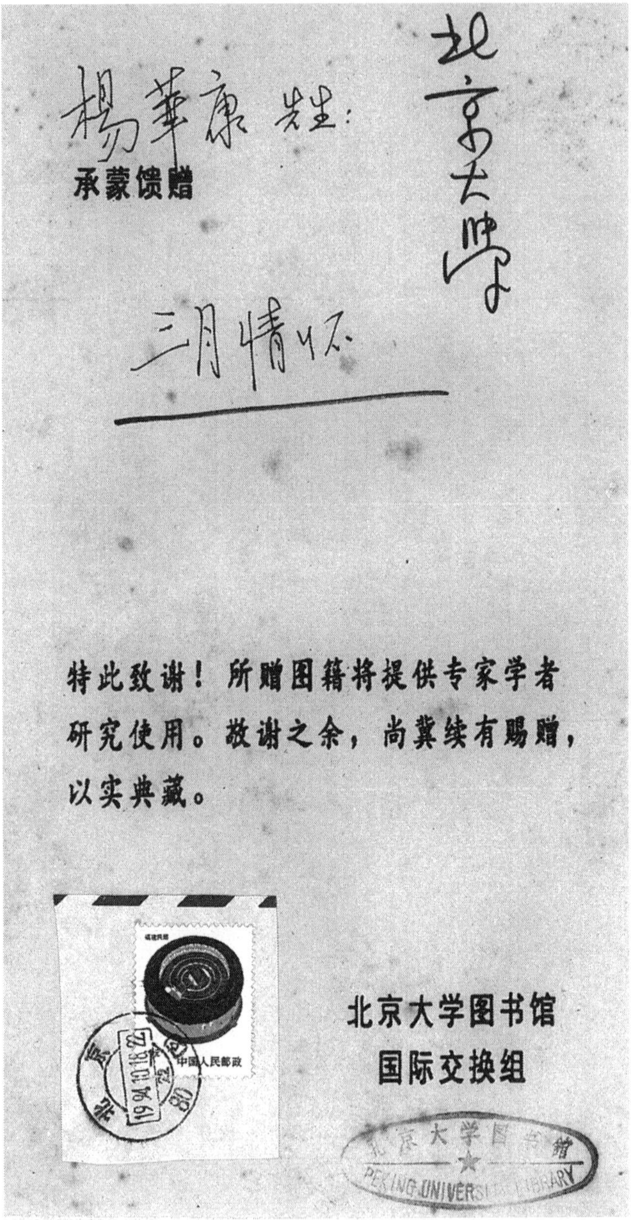

楊華康先生：

北京大學

承蒙馈赠

三月情怀

特此致谢！所赠图籍将提供专家学者研究使用。敬谢之余，尚冀续有赐赠，以实典藏。

北京大学图书馆
国际交换组

中国人民邮政

北京大學

PEKING UNIVERSITY

麥穗先生：

今日收到先生寄贈的《三月情懷》，謹致謝意。並請代向三月詩會的朋友們致意！

祝

秋安！

謝冕
1994.10.19
于北大

聽說劉菲先生前不久來過北京，以未能一見為憾！

謝冕 教授
北京大學中國語言文學研究所所長
北京作家協會副主席
中國當代文學研究會副會長
中國作家協會理事
通訊處：北京大學中文系（郵編 一〇〇八七一）
電話：二五〇一六〇一、二五〇一六〇三（辦）
二五五九六九（宅）
傳真：二五六四〇九五

怀念之情。去年春暖花开，您和来到过贵州的诗友，如能来此一游，我将十分乐意再当一次向导。

贵州的诗人，来活跃于诗坛者，约有百人，但由于这地边远，信息不如其他大部分灵通，自知差距不小，望时常赐教。

谨复　并致

诗安，真诚的问候！

山花 文学月刊　550001　贵州贵阳科学路66號
SHAN HUA
副编审
《山花》编辑部
中国作家协会会员
贵州省诗歌创作委员会委员
罗绍书
地址：贵阳市科学路66号
邮码：550002　电话：(0851)5123844

罗绍书

11.16.下午

尊敬的麦穗先生：

您好！

收到精美的诗集收到精致的首日封更收到珍贵的情意！

认识您真好！

相逢便相识，相见即相知，是因为相同的诗之世 相同的根！

难忘十月的哈尔滨，

先生之诚 先生之才 先生之诗 先生之人 留给我印象深深。

相信我们还会再聚会！

也很欢迎先生到辽西来！红山文化遗址在这里，升起中华五千五百年文明曙光。

寄去这套中国诗人卡 请先生留念，权作千里鸿飞而已。

很感谢先生相识以来的诸多关照与深情厚意！

新年在即，祝先生万事如意！一千个祝福遥寄！

辽宁省朝阳市作家协会 122000
萨仁图娅

萨仁图娅
一九九四.十一.二十六.

83.12.P.收

也许你离得太远太远　才让我的思念作了这么漫长的等待

邹建军专用稿纸

邹建军

邹建军
武汉武昌涟书院23号

麦穗先生：

您好！

大著《三月情怀》已经拜收。谢谢您和同仁们的信任。台湾是一片诗的土地，诗人之多、成果之丰是令人敬佩的。大陆尚处于由计划经济向商品经济的转型中，诗的活动的开展和诗集的出版相当困难。相信在十年以后会有所改观。

祝万事顺利！

邹建军敬上

1994年10月28日

清華大学

楊華康 先生：

您处寄来下列出版物已经收到，谨致谢意。
This is to acknowledge the receipt of

《三月情懷》一冊

清華大学
中国　北京　图书館
singhua University　交换组
eijing
The People's Republic of China

Exchange section
Acquisition and Exchange Dept.
Tsinghua University Library
Date: November 8. 1994

文化大学

敬啓者：頃承惠贈下列書刊，深感厚意。謹致謝忱。
We acknowledge, with many thanks, the receipt of:

三月情懷 一冊

Date: 83. 10. 18　　Signature:

CHINESE CULTURE UNIVERSITY

北市圖採字第七四三號　83年10月1日

敬啓者：頃承

惠贈左列圖書深紉

厚誼，除編目珍藏供眾閱覽外，謹此申謝。

專此祇頌

公綏

台北市立圖書館採編組分館啓

計收：三月情懷

等圖書壹冊

敬啓者：頃承

惠贈圖書三月情懷乙冊，深紉

厚意，本館除編目珍藏以供閱覽外，謹此

致謝。順頌

時祺

國立臺灣大學圖書館

校址：台北市羅斯福路四段一號

電話：三六二[illegible]八三

圖書館採訪組　謹啓

83年10月4日

台大圖書館

南投縣文化中心

敬啟者：

承蒙惠贈圖書資料，業已拜收。

謝謝您的厚意，我們將儘速編目珍藏，以供研閱。今後如荷繼續惠贈，尤所歡迎薪求。專布謝忱。

此致

三月詩會

南投縣立文化中心敬啟

83年10月2日

敬收圖書資料如下：「三月情懷」乙冊

附件四：陳福成提供兩岸各大學給三月詩會贈書謝函

敬啟者

承蒙貴單位惠贈「三月詩會研究」等，共二冊

本館將編目珍藏　嘉惠學子　專此申致謝

意。爾後仍請繼續支持贈予。

敬祝

福慧增長

南華大學圖書館敬上

民國100年3月1日

陳福成老師惠贈手稿資料清單

一、筆記

1	政治學方法論	1冊	陳福成	手稿
2	西洋政治思想史總整理	1冊	陳福成	手稿

二、專著

3	從皈依到短期出家--另一種生活體驗	1冊	陳福成	簡單線裝，內含手稿、手稿影印、印刷剪貼，後並附"佛光山短期出家修道會戒壇日記"，逐篇有慧靜法師批示
4	我們的春秋大業---三月詩會20年紀念詩集	1冊	陳福成	簡單線裝，內含照片、手稿、手稿影印、印刷剪貼.
5	價值典範的複製：臺大逸仙學會--兼論統派經營中國統一事業大戰略要領芻議	1冊	陳福成	簡單線裝，內含照片、手稿、手稿影印、印刷剪貼. 稿紙為畫線自製.
6	臺灣邊陲之美--行腳誦詩・跫音歌唱	1冊	陳福成	簡單線裝，內含照片、手稿、手稿影印、印刷剪貼.
7	金秋六人行--鄭州山西之旅	1冊	陳福成	簡單線裝，內容泰半為印刷及電腦列印複印，並有照片及照片影印.
8	中國神話--中國民間信仰之理論與實務	1冊	陳福成	簡單線裝，內容含手稿，泰半為印刷文字圖片及照片.

國家圖書館館長 曾淑賢　敬啟

民國 101 年 8 月 23 日

陳福成先生/小姐道鑒：

承蒙 惠贈『三月詩會研究：春秋大業十八年』等圖書2冊，深感厚意，謹致謝忱。今後尚祈源源惠賜，以增輝我館典藏為禱。耑此

敬頌

時祺

淡江大學覺生紀念圖書館 敬啟

中華民國一〇〇年三月四日

聯絡人：林怡軒小姐

電話：886-2-26215656#2148

傳真：886-2-26209918

E-Mail：yihsuan@mail.tku.edu.tw

陳先生福成鈞鑒:

承蒙　惠贈圖書2冊，深紉厚意。其增益本館館藏，嘉惠本校師生，貢獻良多，除登錄編目妥為珍藏，供眾研閱外，特函申謝。今後如蒙源源分溉，尤為感荷。

計開

1.　迷情.奇謀.輪迴　1冊

2.　三月詩會研究 : 春秋大業十八年　1冊

交通大學圖書館　敬啟

敬啓者：頃承

惠贈三月詩會研究等書共五冊

感荷良深，除分別編目珍藏以供衆覽

外，特此申謝。

此致

陸軍軍官學校中正圖書館 資圖中心 謹啓

中華民國99年12月20日

國 立 臺 灣 師 範 大 學 圖 書 館

National Taiwan Normal University Library

謝　函

敬啟者：頃承

惠贈佳籍，內容豐富，裨益館藏充實，嘉惠學子，謹申謝忱。今後如蒙源源分溉，尤為感荷。

此致

陳福成先生

計收：

「三月詩會研究：春秋大業十八年」等書共2冊

國立臺灣師範大學圖書館　敬啟

中華民國一〇〇年三月一日

敬啓者：頃承
惠贈圖書，深紉 厚意。除登記編目
善為珍藏以供衆覽外，謹此申謝。
祇頌
公綏
計收：「迷情．奇謀．輪迴」與「三月詩會研究：春秋大業十八年」共2冊

國立中正大學圖書館 謹啓
100年2月25日

國立台東大學圖書館
National Taitung University Library

感 謝 函

陳福成　先生/小姐：頃承

惠贈佳籍，內容豐富，彌足珍貴，受領嘉惠，至紉

高誼。業經拜收登錄，編目珍藏後，即可供眾閱覽。

特此申謝。 並頌

時綏

國立台東大學圖書館 國立臺東大學圖書館 敬啟

計收：

序號	書名	數量	資料型態	備註
1.	一個軍校生的台大閒情	1	圖書	
2.	三月詩會研究:春秋大業十八年	1	圖書	
3.	山西芮城劉焦智<鳳梅人>報研究	1	圖書	
．．．等，計 17 筆，共 17 冊(件)。 (詳細查詢網址: http://210.240.175.26/donation/dbs.asp?id=1922&f=1&n=100040031)				

列印日期 2011/04/28

尊敬的陈福成先生：

兹收到您的赠书

《三月诗会研究：春秋大业十八年》、《春秋诗选》、《顿悟学习》、《新领导与管理实务：新丛林时代领袖群论的政治智慧》、《渐冻勇士陈宏传：他和刘学慧的传奇故事》等著作共二十三种二十八册。

衷心感谢您对复旦大学文献资源建设的大力支持。

复旦大学图书馆

2011年9月27日

國立成功大學圖書館

臺南市大學路一號

NATIONAL CHENG KUNG UNIVERSITY LIBRARY

1 TA HSUEH ROAD, TAINAN 70101, TAIWAN, R. O. C.

TEL:886-6-2757575 ext.65760　FAX:886-6-2378232

敬啟者：　頃承

　　惠贈佳籍，深紉厚誼，所贈資料「三月詩會研究」等二冊圖書，本館將依館藏發展政策及受贈資料收錄原則善加處理，專此函謝，謹申謝忱。敬頌

時祺

成功大學圖書館　敬啟

2011 年 3 月 02 日

尊敬的陳福成先生：

您好！

您贈送的圖書業已收到（詳見清單）。茲將回條寄上，特此致謝！敬謝之余，尚冀加強聯繫，續有惠贈，以實典藏。

清華大學圖書館
晏淩　敬上
2011年12月20號

書目清單（共计28种/51册）：

1、 一個軍校生的台大閒情
2、 八方風雲 性情世界
3、 迷情・奇謀・輪回
4、 在"鳳梅人"小橋上
5、 山西芮城劉焦智《鳳梅人》報研究
6、 我所知道的孫大公
7、 漸凍勇士陳宏傳
8、 三月詩會研究：春秋大業十八年
9、 國家安全與戰略關係
10、 男人和女人的情話真話
11、 愛倫坡恐怖推理小說經典新選
12、 回游的鮭魚
13、 春秋詩選
14、 性情世界：陳福成的情詩集
15、 幻夢花開一江山
16、 中國近代黨派發展研究新詮
17、 中國政治思想新詮
18、 中國歷代戰爭新詮
19、 中國四大兵法家新詮
20、 大陸政策與兩岸關係
21、 解開兩岸10大吊詭
22、 新領導與管理實務
23、 古道・秋風・瘦筆
24、 孫子實戰經驗研究
25、 大浩劫後
26、 第四波戰爭開山鼻祖賓拉登
27、 找尋理想國
28、 國家安全論壇

Tsinghua University Library
Beijing 100084 China
传真/Fax:86-10-62781758

清華大學圖書館
中国　北京　100084
电话/Phone: 62784591
http://www.lib.tsinghua.edu.cn

中　國　文　化　大　學
Chinese Culture University
HWA KANG, YANG MING SHAN
TAIWAN, REPUBLIC OF CHINA

福成先生鈞鑒：

頃承惠贈下列書刊：<<政治學方法論概說>>、<<臺灣邊陲之美 行腳誦詩. 踐音歌唱>>、<<我們的春秋大業 三月詩會二十年別集>>等圖書共六冊，深感厚意。除登錄編目善為珍藏以供參閱外，謹致　謝忱。

中國文化大學圖書館　敬啟

中華民國 101 年 11 月 6 日

附件四：陳福成提供兩岸各大學給三月詩贈書謝函

陳先生：

您好！

很高興收到您的捐贈函，也很爲您的赤子之心所感動，兩岸交流、和平統壹是我們中華兒女的共同心聲，我們都熱切地盼望著這壹天早日到來！

仔細看過您的作品清單，內容之廣、數量之多，令人嘆服！為使您的捐贈得到最大化利用，根據我校的學科建設和館藏結構，我館期待能有倖收藏以下 14 部作品：

《孫子實戰經驗研究：孫武怎樣親自驗證<十三篇>》
《從地獄歸來：愛倫坡（Edgar Allan Poe）小說選》
《尋找一座山：陳福成創作集》
《五十不惑：一個軍校生的半生塵影》
《歷史上的三把利刃：部落主義、種族主義、民族主義》
《春秋正義》
《頓悟學習》
《愛倫坡（恐怖推理）小說經典新選》
《南京大屠殺圖相：中國人不能忘的記憶》
《洄遊的鮭魚：重慶、成都之旅》
《山西芮城劉焦智<鳳梅人>報研究》
《古道•秋風•瘦筆》
《三月詩會研究：台灣詩社小團體》
《山西芮城三人行旅行文學》

贈書聯系人：趙瓊
地址：浙江省金華市迎賓大道 688 浙江師範大學圖書館采編部
郵編：321004
E-mail：zhaoqiong@zjnu.cn
辦公電話：+86-579-82282526

期待早日見到您的大作！也期待早日看到祖國的統壹！

遙遠的祝福！

致

禮！

浙江師範大學圖書館采編部
二〇壹壹年九月二十六日

敬啟者

承蒙惠贈佳籍 三月詩會研究等25種28冊

豐富本館館藏，嘉惠莘莘學子，助益本校教學研究。深紉厚意，謹此申謝，今後尚祈源源惠賜，尤感為荷。

此致 陳福成先生

國立政治大學圖書館　敬啟

民國100年 2 月22日

義守大學圖書館

I-Shou University Library

感謝函

Thank you letter

陳福成　先生：頃承

惠贈圖書，深紉　厚意。除登錄編目善為珍藏以供眾

覽外，謹此鳴謝。　並頌

時綏

On behalf of I-Shou University, I would like to express my deep appreciation to your donation of books for the purpose of enhancing our capacity in education. It will bring huge benefit to those who need the books. I am sure all beneficiaries will remember you for you Generous giving in the long run.

義守大學圖書館　敬啟

計收：「我們的春秋大業)」圖書等六冊　　2012/11/5

國 立 臺 灣 師 範 大 學 圖 書 館

National Taiwan Normal University Library

感　謝　函

陳先生福成：頃承

惠贈佳籍，內容豐富，裨益館藏充實，嘉惠學子，至紉高誼。

業經拜收登錄，編目珍藏後，即可供眾閱覽，特申謝忱　並頌

時綏

計收：

「政治學方法論概說」、「西洋政治思想史概述」、「最自在的是彩霞」、

「臺灣邊陲之美」、「大浩劫後」、「我們的春秋大業」計六冊

國立臺灣師範大學圖書館　敬啟

中華民國一〇一年十一月十三日

华侨大学图书馆 HUA QIAO UNIVERSITY LIBRARY

地址：中国·福建·泉州
邮编：362021
电话：0595-22691561
传真：0595-22691561

Add: Quanzhou, Fujian, China
Tel/ Fax: 0595-22691561
E-mail: lib@hqu.edu.cn

尊敬的陈福成先生：如晤

承蒙您对我馆的厚爱，惠赠图书《政治学方法论46个关键问题》《我们的春秋大业》等，共7册，谢谢！

您的惠赠丰富了我们的馆藏，我们将在您赠送图书的扉页上加盖"陈福成先生赠送"印章入藏流通，供读者借阅，分享您的恩惠。

谨此，我们代表全校师生向您致以最诚挚的敬意！

祝

身体健康，事业发达！

华侨大学图书馆

2012年11月13日

HARVARD-YENCHING LIBRARY
of the Harvard College Library

尊敬的陳福成先生：

感谢您将大作《西洋政治思想概述》、《政治學方法論46個關鍵問題》、《最自在的是彩霞—臺大退休人員聯誼會》、《大浩劫後：日本東京都知事石原慎太郎「天譴說」溯源探解》、《第四波戰爭開山鼻祖賓拉登：及戰爭之常變研究要綱》和✓《我們的春秋大業：三月詩會二十年別集》贈送本館，本館當妥為保管以饗讀者。特此致謝。

即頌

文祺

哈佛燕京圖書館中文採購部

馬小鶴

2012年11月9日

HARVARD UNIVERSITY
2 DIVINITY AVENUE
CAMBRIDGE
MASSACHUSETTS
02138

T 617.495.3327
F 617.496.6008

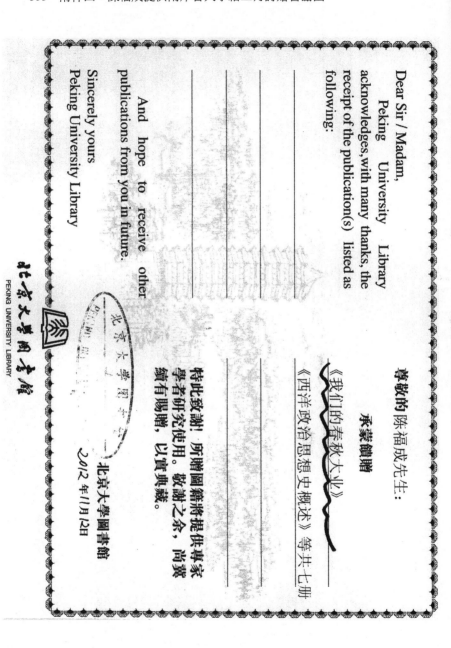

Dear Sir / Madam,

Peking University Library acknowledges, with many thanks, the receipt of the publication(s) listed as following:

And hope to receive other publications from you in future.

Sincerely yours
Peking University Library

尊敬的陈福成先生：

承蒙饋贈

《我们的春秋大业》

《西洋政治思想史概述》等共七册

特此致謝！所贈圖籍將提供專家學者研究使用。敬謝之余，尚冀續有賜贈，以實典藏。

北京大學圖書館

2012年11月12日

北京大學圖書館
PEKING UNIVERSITY LIBRARY

尊敬的　陳福成先生：

茲收到您的贈书

西洋政治思想概述　1冊

政治學方法論46個關鍵問題　1冊

最自在的是彩霞　1冊

大浩劫後　1冊

迷情·奇謀·輪回　1冊

我們的春秋大業　2冊

衷心感谢您对复旦大学文献资源建设的大力支持。

复旦大学图书馆

年　月　日

含珠韫玉

嘉惠学林

陈福成先生

您承赐之大作《我们的春秋大业—三月诗会二十年别集》现已宝藏浙江师范大学图书馆，将作永久陈列。佳赐之惠，不胜感激。

浙江师范大学图书馆

2012年11月29日